Trier
Deutschlands älteste Stadt

Gesamtherstellung und Copyright
Schöning GmbH & Co. KG
An der Hülshorst 5 · 23568 LÜBECK
www.schoening-verlag.de

ISBN: 978-3-89917-286-7
11., überarbeitete Auflage

Inhaltsverzeichnis

Deutschlands älteste Stadt, S. 6 ▲

St. Gangolf, S. 16 ▲

Porta Nigra, S. 24 ▲

Trierer Dom, S. 36 ▲

◀ *Kaiserthermen, S. 47*

Kurfürstliches Palais, S. 44 ▲

Vom Kornmarkt nach Zurlauben

Karl-Marx-Haus, S. 55 ▲

St. Matthias, S. 66 ▲

Weihnachtsmarkt, S. 70 ▶

Willkommen zu einem Rundgang durch die älteste Stadt Deutschlands

Fast jeder deutsche Schüler hat im Geschichts- oder Lateinbuch schon einmal die Porta Nigra in Trier gesehen. Riesengroß, schwarz und ungeheuer beeindruckend steht das Tor in der modernen Stadt. Doch die Porta Nigra ist nicht der einzige Bau in Trier, den die UNESCO 1986 zum Weltkulturerbe erklärt hat. Mit seinen acht Weltkulturerbestätten braucht Trier den Vergleich mit Italien und seinem antiken Erbe nicht zu scheuen.

Als Residenzstadt römischer Kaiser besaß die antike Metropole Augusta Treverorum Gebäude, die in ihrer Größe und Pracht nur durch solche in Rom selbst übertroffen wurden. Der Vergleich mit Italien und Rom ist schon den antiken Schriftstellern zu entnehmen und so besang bereits im 4. Jahrhundert der Rhetor und Prinzenerzieher Ausonius die Schönheit des Flusstales in seiner Dichtung Mosella.

Noch heute gewinnt man im Sommer durch die vielen Cafés und das rege Treiben in der Fußgängerzone den Eindruck, man befinde sich in Italien.

Das milde Klima im Moseltal, die südeuropäisch anmutenden Weingebiete rings um die Stadt machen diesen Vergleich naheliegend. Gewaltige römische Ruinen prägen noch heute das Stadtbild und im Mittelalter gehörten die Erzbischöfe von Trier zu den mächtigsten Fürsten Deutschlands. Sie hinterließen eine prunkvolle Architektur.

Ganz zurückversetzen in die Geschichte von Stadt und Land kann man sich durch verschiedenste kulturelle Angebote. So führt der Tribun Mallobaudes die Besucher als neue Rekruten des Römischen Reiches durch die Kaiserthermen, der Gladiator Valerius erzählt im Amphitheater aus seinem Leben, ein römischer Zenturio erklärt die Porta Nigra und ein mittelalterlicher Bänkelsänger besingt seine Stadt beim Gang durch die malerische Altstadt.

Trier ist nach den politischen Umwälzungen der 90er Jahre des 20. Jahrhunderts wieder eine Stadt mitten in der Kernregion Europas. Seit 1970 wieder Universitätsstadt und mit etwa 105.000 Einwohnern gerade eben Großstadt, ist Trier sehr eng mit dem luxemburgischen Nachbarn verwoben, was das Einzugsgebiet der Stadt enorm vergrößert und wovon besonders der Einzelhandel profitiert.

Rückblick

58–50 v. Chr.	*Gallischer Krieg. Gaius Iulius Caesar erobert Gallien*
23.09.17 v. Chr.	*Stadtgründung Triers*
44 n. Chr.	*Pomponius Mela berichtet über die urbs opulentissima (sehr reiche Stadt)*
2. Jh.	*Die Porta Nigra, die Barbarathermen, die Römerbrücke, das Amphitheater, der Circus und die Stadtmauer entstehen*
260–274	*Die gallischen Sonderkaiser wählen Trier zur Residenz*
275	*Die Alemannen brandschatzen Trier*
286/293	*Trier wird Kaiserstadt im Rahmen der Tetrarchie*
4. Jh.	*Residenzstadt (jedoch mit Unterbrechung)*
312	*Konstantin schlägt Maxentius an der Milvischen Brücke*
um 400 (395)	*Aufgabe Triers als Kaiserresidenz*
Anfang 5. Jh.	*Zerstörungen durch Vandalen, Sueben und Franken*
um 480	*Franken übernehmen die Stadt (um 480)*
8. Jh.	*Der Trierer Bischof erhält das Metropolitanrecht zurück*
843	*Trier kommt im Vertrag von Verdun zum Mittelreich Lothars*
870	*Trier wird dem ostfränkisch-deutschen Reich zugeschlagen*
882	*Normannen vernichten Teile der Stadt*
958	*Erzbischof Heinrich erhält von Otto I. das Marktrecht*
11. Jh.	*Dombau*
13. Jh.	*Stadtmauerbau durch Erzbischöfe Bruno und Albero, Bau der Liebfrauenkirche*
Anfang 14. Jh.	*Neue Stadtverfassung mit einem Rat aus Schöffen und Zunftmitgliedern*
1346/56	*Der Trierer Erzbischof wird Kurfürst*
1473	*Eröffnung der Universität*
1512	*Reichstag: Kaiser Maximilian in Trier und Ausstellung des Heiligen Rockes*
17. Jh.	*Zerstörung durch den Dreißigjährigen Krieg und die Kriege Ludwigs XIV. von Frankreich*
1794	*Französische Revolutionstruppen erobern den Trierer Kurstaat*
1814/15	*Beginn der Zugehörigkeit zu Preußen*
1870/71	*Die preuß. Rheinprovinz wird Teil des Dt. Reiches*
1946	*Trier kommt zum neu gegründeten Bundesland Rheinland-Pfalz*
1970	*Trier wird wieder Universitätsstadt*
1986	*Kulturdenkmäler werden Weltkulturerbe der UNESCO*
1988	*Entdeckung einer Thermenanlage unter dem Viehmarkt*
1993	*Goldschatz nahe der Römerbrücke gefunden, Wert ca. 2,5 Mio. Euro*

Ein Ausblick von Westen über die Stadt ▲

So lässt zum Beispiel die große Zahl an Bekleidungs- und Schuhfachgeschäften die eine Hälfte der Bevölkerung in Vorfreude erzittern, die andere in Schrecken erschauern.
Als ehemals größte Garnison der französischen Armee, mit Ausnahme von Paris, hat die Stadt auch einige Jahre nach deren Abzug noch viele Freunde unter den ehemals hier stationierten Soldaten und deren Familien. Die enge Verbundenheit von Menschen und Wirtschaft Triers gerade mit Luxemburg, aber auch mit den benachbarten Regionen Elsass und Lothringen prägen das Leben der Menschen.
Durch die vielen Studierenden, die Besucher aus den Partnerstädten Ascoli Piceno, Pula, Gloucester, Fort Worth, s´-Hertogenbosch, Metz, Nagaoka und Weimar sowie die zahlreichen anderen Gäste aus allen Teilen der Welt ist Trier zumindest im Sommer zwar eine kleine, aber eine wahrhaft internationale Stadt mit europäischem Flair und einmaliger historischer Kulisse.
In zwei Rundgängen, die jeweils zwei bis drei Stunden Zeit erfordern, und mehreren kleinen Exkursionen in Stadt und Umgebung können Sie Trier kennen lernen. Geschichtliche Themen von Kaisern und Erzbischöfen, großen und kleinen Leuten und nicht zuletzt die schönen Ansichten der Stadt laden zum Besuch und zum Verweilen ein.
Willkommen in der ältesten Stadt Deutschlands.

Die Statuen von Ferdinand Tietz vor dem Kurfürstlichen Palais ▶

Geschichtliches aus der Moselstadt

Das römische Trier
Bereits sehr früh besiedelt, wurde das Moseltal Bestandteil des keltischen Kulturgebietes. Der Stamm der Treverer, von Gaius Iulius Caesar im Gallischen Krieg von 58–50 vor Christus unterworfen, wurde wie die übrigen linksrheinischen gallischen Stämme Träger der Kultur des Imperium Romanum. Die Treverer waren die Menschen, von denen wir sprechen, wenn von den alten Römern in der hiesigen Gegend die Rede ist. Zwar gab es nach und nach eine Vermischung von Menschen aus den verschiedenen Reichsteilen, doch wirkliche Römer, also Italiker, hat es während der Zugehörigkeit Triers zum Römischen Reich in der Stadt wohl nur wenige gegeben. Zudem konnte man sich das Bürgerrecht auf verschiedene Art und Weise erwerben und somit auch als Römer gelten. Selbst viele Kaiser entstammten nicht stadtrömischen Familien, sondern solchen aus den Provinzen.

Caesars Gallischer Krieg war nach heutigen Maßstäben gemessen eine Aneinanderreihung von Kriegsverbrechen, grausamen Schlachten und ethnischen Säuberungen mit hunderttausenden von Toten, jedoch auch der Beginn der Romanisierung Galliens und damit ein Teil der Grundlage unserer heutigen Kultur. Augustus, der noch im Kampf um die Nachfolge Caesars ebenfalls brutale Methoden anwandte, ging im Gegensatz dazu als Kaiser daran, Straßen und Städte zu bauen und dem Römischen Reich eine Zeit des Friedens zu geben. Er schuf damit die Grundlagen für ein Gemeinwesen, welches Jahrhunderte überdauerte und ihn dafür zu Recht als einen der Großen ansah. Er initiierte die Stadtgründung an einer Stelle, wo die Fernstraße aus Italien, entlang der Rhône in Richtung Rhein laufend, die Mosel querte. Ein Brückenbau machte den Übergang über den Fluss sicherer.

▲ *Konstantin, einer der bedeutendsten römischen Kaiser residierte zeitweilig in Trier*

Gleichzeitig mit der Brücke entstand auch die in ihrer Glanzzeit über 280 ha große Stadt. Augusta Treverorum, die Stadt des Erhabenen im Land der Treverer. Der Name der ältesten Stadt Deutschlands

Mittelalterliches Tor ▶

Durch den Palastgarten erreicht man das Landesmuseum mit unzähligen römischen Exponaten ▲

erinnert an ihren Gründer, Caesar Octavian, der unter anderem den Titel Augustus führte. Trotz sich stetig mehrender archäologischer Befunde aus dem 1. und 2. Jahrtausend vor Christus, welche die Besiedelung des Moseltales bei Trier belegen, gilt die Stadt als römische Gründung. Sogar das wahrscheinliche Gründungsdatum ist bekannt. Das Jahr 17 vor Christus als Gründungsjahr kann man anhand der Datierung von Holzfunden der ersten römischen Moselbrücke festlegen. Das Straßensystem der Stadt legt eine Gründung am 23. September in jenem Jahr nahe. Dies ist zum einen ein astronomischer Bezugspunkt, die Tag- und Nachtgleiche, zum anderen der Geburtstag des Stadtgründers, des römischen Kaisers Augustus. Vieles spricht dafür, dass man in römischer Zeit die Vermessungstechnik derart exakt beherrschte, dass es möglich war, eine ganze Stadt als eine Art kalendarisch-architektonische Reminiszenz an den Stadtgründer zu konstruieren. Ein Stab, am 23. September des Jahres 17 vor Christus in den Boden des Moseltales gerammt, gab mit seinem morgendlichen Schattenwurf die Struktur für das Straßenraster vor. Dieses Gründungsraster bestand aus parallelen Straßen, welche in etwa von Norden nach Süden und von Westen nach Osten verliefen, sich somit rechtwinklig schnitten und aus der Luft betrachtet wie ein Schachbrett wirkten.

Betrachten wir das kaiserliche Trier des 4. Jh., so ragen zwei große Hauptachsen unter den Nord-Süd- und Ost-West-Straßen, den cardines und decumani heraus: Die Verbindung zwischen Nord- und Südtor, der cardo maximus, und die Straße zwischen den Toren im Osten und Westen, der decumanus maximus. An der Kreuzung dieser beiden Hauptverkehrslinien lag das römische Forum, Funktionszentrum der antiken Stadt. Leicht erreichbar und ohne Stadtplan zu finden lagen hier beinahe alle wichtigen Gebäude. Welch ein Unterschied zur modernen teils absurden Verkehrsführung heutiger Städte. Beispielhaft durchdacht und konstruiert war wie bei allen römischen Städten auch im Falle Triers die Wasserversorgung, die im Vergleich zum heutigen Tagesverbrauch pro Einwohner die 4 – 8fache Menge an Wasser in die Stadt brachte. Augusta Treverorum, oder in der Spätantike unter dem verkürzten Namen Treviris bekannt, bot Wohnraum für bis zu 50.000 Menschen. In Anbetracht der Gesamtbevölkerung des

Ruinen des Warmbadebereichs der Kaiserthermen ▲

nannt wurde. Trier wurde Sitz hoher römischer Beamter, so zum Beispiel eines Finanzprokurators, zugleich Provinzhauptstadt der Gallia Belgica, später Residenzstadt gallischer Sonderkaiser, Sitz der Präfektur, Münzstätte und sogar Kaiserresidenz seit der Zeit der Tetrarchie, in der unter anderem die Kaiser Constantius Chlorus und sein Sohn Konstantin von Trier aus regierten. Während dieser Tetrarchie, so wie sie von Kaiser Diokletian eingerichtet wurde, herrschten seit dem Jahr 286 zwei Senior-Kaiser, genannt Augusti. Diese Augusti regierten seit dem Jahr 293 mit der Unterstützung jeweils eines Junior-Kaisers, eines Caesars, wel- :her auch designierter Nachfolger war. eder der vier Herrscher hatte zumin- lest eine Residenzstadt. In Trier resi- lierte zunächst der Augustus Maximi- n, dann Constantius Chlorus als Cae- ar des westlichen Reichsteiles, ver- ntwortlich vor allem für die Verteidi- ıng Britanniens und der Rheingrenze.

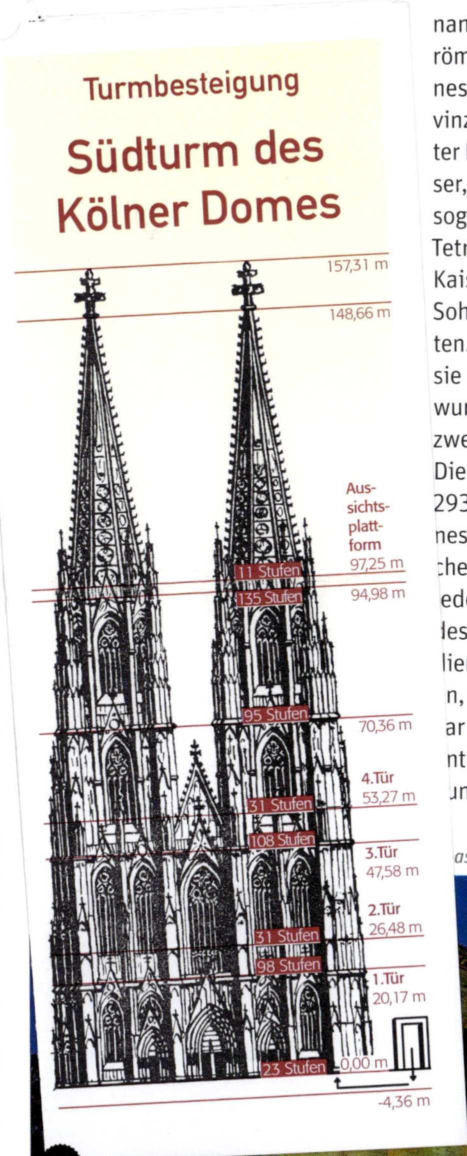

asilika bei Nacht ▼

Abtei St. Matthias mit dem Grab des Apostels ▲

Doch diese tetrarchische Regelung, die Herrschaft der vier Kaiser, zerbrach an den realen Machtbedürfnissen der beteiligten Personen und schon der Sohn des Constantius Chlorus, Konstantin, errang in vielen Kämpfen die Alleinherrschaft, verließ 316 endgültig Trier und baute sich etwas später mit Konstantinopolis, dem heutigen Istanbul, eine neue Hauptstadt. Gestützt auf eine germanische Machtelite im Militär und die neue Kraft des Reiches, das Christentum, vollendete er den spätantiken Staat aus den Ansätzen des Diokletian und ermöglichte dem Römischen Reich noch ein letztes Jahrhundert der Existenz und Trier eine glanzvolle Zeit als Kaiserstadt. So waren Rom, Konstantinopel, Alexandria und Trier für die Menschen der Spätantike die wichtigsten Städte des Imperiums.

Benediktinerabtei St. Matthias
Matthiasstraße 85, 54290 Trier
Tel. (06 51) 1 70 90
www.st-matthias-trier.de

Nach dem Untergang des Imperiums

Nach dem Verfall des Imperium Romanum, in der Übergangszeit von der Spätantike zum frühen Mittelalter wurde dann der Bischof von Trier zum Träger der Autorität. Trier, eine der Keimzellen des Christentums in Europa, erlangte im Mittelalter als Wallfahrtsort mit einigen der wichtigsten Reliquien der Christenheit Bedeutung und hat diese ein Stück weit noch immer inne, wie man an den vielen tausend Menschen bei der regelmäßig stattfindenden so genannten Heilig-Rock-Wallfahrt sehen kann. Mit dem Ende des Imperiums in Gallien verfielen alle großen römischen Gebäude, welche zur Grundausstattung einer jeden wichtigen Stadtgründung gehörten, und wurden seit dem beginnenden Mittelalter ihrer Bausubstanz beraubt. Die römische Stadt verging zusehends und wurde zu einer mittelalterlichen Bischofsstadt, deren

Bedeutende Reliquie: Der Heilige Rock ▼

Straßen größtenteils kreisrund waren oder sternförmig auf die beiden Kristallisationspunkte Marktplatz und Dom zuliefen. Die Bevölkerung ging bis auf wenige Tausend zurück. Europa erlebte Jahrhunderte politischer Wirren und nebenbei auch noch eine Verschlechterung der klimatischen Bedingungen. Der Begriff des finsteren Mittelalters kann noch um den des ziemlich kalten Mittelalters ergänzt werden. Über die Zeit der merowingisch-fränkischen Könige wissen wir bezüglich Triers nicht allzu viel. Auch die karolingische Epoche wird kaum durch archäologische Befunde oder schriftliche Quellen erhellt. Lediglich eine Bischofsliste gibt Auskunft über die kirchlichen Amtsträger. Der Trierer Bischof erlangte in der Regierungszeit Karls des Großen das Metropolitanrecht zurück. Abgesehen davon ist klar, dass die Stadt stark schrumpfte und nur durch den Bischofssitz am Leben erhalten wurde. Die mittelalterliche Stadt war anstelle von 280 ha nur noch etwa 135 ha groß. Bei der Aufteilung des karolingischen Reiches kam Trier im Vertrag von Verdun 843 zum Mittelreich Lothars. Von diesem Mittelreich blieb jedoch nur der Name Lotharingien als Ursprung des heutigen Namens Lothringen übrig. Erst mit der Herausbildung des ostfränkisch-deutschen Reiches aus dem karolingischen Imperium und der Auflösung und Aufteilung des Mittelstaates zwischen Frankreich und Deutschland im Vertrag von Meersen 870 rückte die Stadt, nun grenznah am Konfliktherd gelegen, wieder politisch in den Vordergrund. Um die Jahrtausendwende verbesserte sich die Situation und die Bevölkerung wuchs wieder. Es setzte auch wieder Bautätigkeit ein. Der Umbau noch erhaltener römischer Gebäude, wie der Porta Nigra in eine Kirche, die Errichtung des Doms und etwas später der Bau der mittelalterlichen Stadtmauer zeugen von einem Aufschwung auf vielen Gebieten. Im Übrigen wurde es in Europa auch wieder etwas wärmer. Die Trierer Erzbischöfe gehörten zu den mächtigsten Fürsten des Deutschen Reiches.

▲ *Die mittelalterliche Stadtmauer mit Wehrtürmen zwischen Landesmuseum und Kaiserthermen*

Auch aus diesem Grund entstanden in Trier bald sehr viele Klöster und Kirchen, welche das Stadtbild über Jahrhunderte prägten. Beinahe alle Orden, auch Bettel- und Ritterorden waren in Trier präsent. Im Vergleich gerade zu rechtsrheinischen mittelalterlichen Städten war Trier im 12. und 13. Jahrhundert eine steinerne Stadt. Man benötigte keine Steinbrüche, da genug römisches Material vorhanden war, welches einfach wiederverwendet wurde. Unter den Erzbischöfen Bruno und Albero erhielt Trier wieder eine Stadtmauer. Leider kam es infolge der Zunahme der Bevölkerung zu weniger erfreulichen Ereignissen wie den Kreuzzügen, die bereits in ihren Ursprungsländern Pogrome und Gräueltaten hervorbrachten, unter denen besonders die Minderheiten, wie die jüdische Bevölkerung, stark zu leiden hatten. Da die Juden, so wie andere Minderheiten auch, für Krankheiten und Epidemien verantwortlich gemacht wurden, kam es kurz nach Ausbruch der Pest in der Mitte des 14. Jahrhunderts auch in der Bischofsstadt Trier zu Verfolgungen.

Von Bischöfen und Bürgern

Das späte Mittelalter und die Renaissance in Trier sind geprägt von dem Versuch der Bürgerschaft, politische Macht zu erlangen respektive sie dem Bischof zu nehmen. Seit den Tagen des Kurvereins von Rhens im Jahr 1346 und der Goldenen Bulle 1356 war der Trierer Erzbischof einer jener zunächst sieben Fürsten, welche den deutschen König wählten, der damit auch erwählter Römischer Kaiser wurde. Diese sieben Kurfürsten waren die mächtigsten Männer des Heiligen Römischen Reiches deutscher Nation und der Bruder Kaiser Heinrichs VII., Balduin von Luxemburg, Erzbischof von 1307–1354, nutzte

Dom und Liebfrauenkirche. Eine romanische und eine gotische Kirche direkt nebeneinander ▼

Die Basilika St. Matthias symbolisiert eindrucksvoll die bischöflichen Bauten

seinen Einfluss und seine Kurstimme, um seinen Großneffen als Karl IV. zum König wählen zu lassen. Dieser wurde 1356 dann auch Kaiser. Als einer der am längsten regierenden Kurfürsten ist Balduin wohl der berühmteste Trierer Erzbischof des Mittelalters. Nicht jeder Erzbischof war derart machtbewusst, und speziell im 15. Jahrhundert und in der Zeit der Reformation waren die Bürger Triers sehr darauf bedacht, sich zu emanzipieren.
Trier besaß seit 1473 eine Universität und wurde wieder eine recht wohlhabende Stadt, wozu zum Beispiel der Reichstag und die erste große Heilig-Rock-Wallfahrt 1512 beitrugen.

Der Balduinsbrunnen nahe des Hauptbahnhofs ▲

Blick auf den Marktplatz in Richtung der St. Gangolfkirche ▼

Autonomiebestreben
Den unbändigen Willen der Bürger zur Freiheit und ihr ausgeprägtes Selbstbewusstsein kann man an einigen monumentalen Bauwerken rund um den Marktplatz ablesen. Die religiösen Machtstrukturen der heute noch bekannten Trierer Erzbischöfe konnten jedoch nicht gebrochen werden und blieben bis zum Ende des 18. Jahrhunderts das entscheidend prägende Element für die städtebauliche Struktur.
In Sachen Schönheit und Anmut zeichnen die Anlagen des Kurfürstlichen Palais ein entzückendes Bild.

Von Kriegen und Aberglauben
Das 16. und 17. Jahrhundert sind geprägt durch großartige Entwicklungen in Kunst und Architektur, jedoch auch durch Krieg, Glaubensspaltung, harte klimatische Bedingungen und den Hexenwahn. Als dieser immer mehr um sich griff, widersetzte sich der Jesuit Friedrich Spee von Langenfeld (1591–1635) dem Zeitgeist und verfasste die cautio criminalis und die Dichtung Trutz-Nachtigall.
Mit seinen Werken wendete er sich gegen die Hexenverfolgungen und die furchtbaren Auswirkungen dieses Aberglaubens. Der Professor für Moraltheologie an der Universität von Trier starb 1635 an der Pest. Seine Ansätze wurden durch den noch mehr als zehn Jahre andauernden Dreißigjährigen Krieg zunichte gemacht. Dieser Krieg traf Trier so stark, dass die Bevölkerung auf ein Minimum zurückging und der Erzbischof auf der Suche nach Bürgern den Juden wieder gestattete, sich im Süden der Stadt anzusiedeln.
Erst das 18. Jahrhundert brachte für Trier und den Kurstaat wieder bessere Zeiten, wenngleich in den 30er Jahren wieder Krieg zwischen dem Deutschen Reich und Frankreich ausbrach. Diese Auseinandersetzung wurde an der Mosel um Trier herum entschieden.
Trotz dieser äußeren Bedrohung entfalteten die Erzbischöfe rege Bautätigkeit und die Stadt zeigt noch an vielen Gebäuden Elemente aus Renaissance, Barock und Rokoko.

Der Trierer Dom und die Konstantinbasilika

Der Petrusbrunnen auf dem Marktplatz ▲

Von Franzosen und Preußen

Es waren die französischen Truppen, die dem Trierer Kurstaat 1794 ein Ende bereiteten, nicht ohne auf entschiedenen Widerstand der Miliztruppen des Erzbischofs zu stoßen. Der Kurstaat war zu jener Zeit vielen eben doch lieber als Frankreich. Umso erstaunlicher, weil die französischen Truppen eine freiere Gesellschaftsordnung durchsetzen wollten. Durch die vielen durchlittenen Kriege gab es jedoch großes Misstrauen gegenüber den Franzosen. Diese aber siegten, und Trier wurde Bestandteil Frankreichs. Doch auch Napoleon, der Kaiser der Franzosen, regierte nicht ewig.

Nach seiner Niederlage gegen die Belle Alliance in der Völkerschlacht bei Leipzig, wo sich halb Europa totschlug, und bei Waterloo gegen Preußen und Briten wurde Trier 1815 Teil der Rheinprovinz und kam unter preußische Hoheit. Die preußischen Verwaltungsbeamten waren als Protestanten im katholischen Trier lange Zeit ein Fremdkörper.

Es dauerte eine ganze Weile, bis man sich aneinander gewöhnte. Trier lag zu dieser Zeit abseits,

Das Palais Walderdorff am Domfreihof ▲

Der preußische Adler ▲

weit im Westen, von der Industrialisierung kaum berührt, und fristete ein Dasein als Provinzstadt, was die Trierer aber nicht weiter zu stören schien, weil sie so im beschaulich-katholischen Trier ihre Ruhe hatten.

Von Kommunisten und Kapitalisten
In den Köpfen einiger Menschen des 19. Jahrhunderts entstanden bedingt durch die ungerechten sozialen Verhältnisse in den entstehenden Industriegesellschaften neue politische Ideen.

Karl Marx

Karl Marx, am 5. Mai 1818 in Trier geboren, wurde durch seine Tätigkeit für die Rheinische Zeitung zu einem der führenden Köpfe der Opposition gegen die Fürstenmacht in Deutschland. Da die Zeitung 1843 von der preußischen Zensurbehörde geschlossen wurde, ging Marx nach Frankreich und schrieb dort für den Vorwärts! Preußens Arm war lang und bewirkte seine Ausweisung aus Frankreich und die Übersiedlung nach Belgien. In Brüssel vertiefte sich der Kontakt zu Friedrich Engels. 1847 arbeiteten Engels und Marx für den Bund der Kommunisten, den deutschen Arbeiterverein in Brüssel. 1848 erschien dann in London das Manifest der Kommunistischen Partei. Nach der gescheiterten Revolution in Deutschland, das Marx wieder aufsuchte, floh er über Paris nach London. Persönlich unglücklich in der Fremde, publizierte er dort 1867 mit der Unterstützung von Engels den ersten von drei Bänden seines Werkes „Das Kapital“.

Er starb am 14. März 1883. Seine Ideen entfalteten ihre Wirkmächtigkeit erst lange nach seinem Tod. Den Missbrauch seines Namens für ein menschenverachtendes System, wo er den Menschen eigentlich Freiheit und Würde bringen wollte, kann man ihm nicht anlasten.

▲ *Der Dom ist auch ein Symbol für die katholisch-konservative Gesinnung der Trierer Bevölkerung insbesondere noch zur Zeit eines Karl Marx*

Einer der bedeutendsten Visionäre dieser Zeit kam aus Trier. Im Süden der Stadt liegt sein Geburtshaus, vis-à-vis der Porta Nigra sein Jugendhaus. Als Sohn eines preußischen Rechtsanwaltes erlebte er in seiner Kindheit, wie die Porta Nigra wieder ein Tor wurde, und machte in Trier 1835 sein Abitur.

Zum Studium verließ er die Stadt. Als seine Ideen bekannt und gefährlich wurden, auch sein Heimatland

Gedenktafel am Karl-Marx-Haus in der Brückenstraße ▶

in Richtung Frankreich und später England. Und wer sich über die vielen Gäste aus China wundert, die Trier besuchen, dem wird der Name dieses Trierers eine Erklärung sein: Karl Marx.

Von den Weltkriegen zur Europäischen Union

Zwei Weltkriege, von denen der zweite Trier stark in Mitleidenschaft zog, brachten Zerstörungen und Hunger für die Menschen der Region. Die Innenstadt wurde durch die starke Bombardierung in den letzten Kriegsjahren größtenteils vernichtet. Am Ende des Zweiten Weltkriegs als erste deutsche Stadt von den amerikanischen Truppen des General Patton befreit, war die sich nach dem Krieg entwickelnde Freundschaft zu Frankreich und die Einigung Europas für Trier ein wahrer Segen.

Nach 1.500 Jahren besitzt Europa wieder eine einheitliche Währung und eine gemeinsame Perspektive wie zu Zeiten des Römischen Reiches. Wie gut es Trier geht, erkennt man an einer Tatsache: Heute lebt die Stadt in der längsten Friedensperiode seit der Zeit des Kaisers Augustus.

Bombenangriff auf Trier – Helenenglocke ▼

Von der Porta Nigra zum römischen Amphitheater

Die Porta Nigra
Die Porta Nigra ist das nördliche der fünf Stadttore der Stadtmauer des späten 2. Jh. nach Christus und eines der herausragenden Monumente der römischen Epoche in Deutschland und darüber hinaus. Die ursprünglich hellen Sandsteine wiesen bereits im Mittelalter eine so starke Verfärbung auf, dass sie dem Tor den Namen Schwarzes Tor, Porta Nigra, eintrugen. Die zum Teil bis zu 6 Tonnen schweren Sandsteinquader sind ohne Mörtel gesetzt und werden von ihrem Eigengewicht und Eisenklammern stabilisiert. Da es sich bei den Eisenklammern und dem Blei, mit dem sie horizontal und teils auch vertikal eingegossen sind, um mehrere Kilo Material handelt, fielen sie vielfach dem mittelalterlichen Metallraub zum Opfer. Hiervon künden die zahlreichen Löcher in den Quaderfugen der Fassade. Da der Name Porta Nigra mittelalterlichen Ursprungs ist, stellt sich natürlich nun die Frage nach dem Namen des Tores in der Antike. Es ist anzunehmen, dass in

Die Porta Nigra von der nördlichen Seite aus gesehen ▼

Die Ansicht des alten Stadttores von der Innenstadt ▲

römischer Zeit Tore häufig nach der nächst erreichbaren Stadt benannt waren. Die wichtigste Stadt in Richtung Norden war Mainz, demnach scheint Mainzer Tor der wahrscheinlichste Name gewesen zu sein.
Die Porta Nigra verfügt über einen Innenhof, einen Zwinger. Das Doppeltor besaß zwei Fallgitter auf der nördlichen Seite und zwei normale Schwingtore auf der Stadtseite. Damit konnte man den Zugang zur Stadt sehr gut kontrollieren, denn diese war ein Sicherheitsbereich ähnlich einem modernen Flughafen und das Mitführen von Waffen war sehr streng reglementiert. Die Türme sind feldseitig halbrund nach außen gewölbt, um tote Winkel bei der Kontrolle der Mauer zu vermeiden. Man konnte, in Deckung stehend, die Mauer gut einsehen. Mit dem Verfall der Stadtmauer zu Beginn des frühen Mittelalters verlor das Tor seine Funktion. Der ebenfalls im Mittelalter einsetzende Steinraub wurde durch die Entscheidung des Mönchs Simeon, ab dem Jahr 1030 als Eremit in der Porta Nigra zu leben, unterbunden. Simeon war als Gesandter des Katharinenklosters auf dem Sinai nach Trier gekommen und hatte gemeinsam mit dem Bischof eine Pilgerreise nach Palästina unternommen. Durch die Tatsache, dass er nach seinem Tod 1035 im Gebäude seine letzte Ruhestätte fand, wurde die Porta Nigra vor der Demontage gerettet. Simeons Freund und Reisebegleiter Poppo von Babenberg, der Bischof von Trier, fühlte sich nach dessen Tod verpflichtet, den Bau zu entsühnen, baute erst eine Kapelle und danach, seit etwa 1042, realisierte er den Umbau zur Kirche. Parallel zu dem von ihm initiierten Dombau wurde das ehemalige Tor für fast 800 Jahre zur Stifts- und Pfarrkirche. Da Simeon bald nach seinem Tod heilig gesprochen wurde, entstand neben der nach ihm benannten Kirche

getragen und das alte Tor wieder sichtbar gemacht. Dieser Umbau wurde in preußischer Zeit um 1822 vollendet. Von der erneuten Torfunktion der Porta Nigra bis zum Fall der Zollschranken zeugen die eisernen Scharniere, welche noch heute im Torbau vorhanden sind. Mittlerweile ist die Porta Nigra das wohl am besten erhaltene Stadttor des Römischen Reiches. Sie ist das Wahrzeichen der Stadt und begegnet auf unzähligen Logos in unterschiedlichsten Formen.

▲ *Eine gut sichtbare Steinmetzmarke auf einem der Steine der Porta Nigra. Diese Namenskürzel wurden zu Abrechnungszwecken als Quittung auf den Stein gemeißelt. Man findet an der Porta Nigra noch einige mehr.*

St. Simeon ein Stiftsgebäude, welches heute in wieder aufgebautem Zustand mit der Porta Nigra zusammen ein einmaliges Ensemble der Baugeschichte bildet. Die heute noch sichtbare Ostapsis mit Zwerggalerie am römischen Stadttor ist ein musterhaftes Beispiel lothringischer Romanik aus dem 12. Jh.

Die vielen Ausschmückungen in den oberen Stockwerken und die aus dem Zwinger heraus sichtbare Orgelempore erinnern an die Gottesdienste, die hier stattfanden. Erst die Eroberung Triers durch die französischen Truppen nach der Revolution und die Annexion der Stadt durch das napoleonische Frankreich beendeten die kirchliche Nutzung.

Napoleon autorisierte den Abbau der Kirche St. Simeon anlässlich seines Besuches in Trier im Oktober 1804. Die Kirche wurde dann ab 1805 ab-

Wer mehr Informationen zu den baulichen Details sucht, dem seien die Führungen an den Wochenenden von April bis November ans Herz gelegt.

▼ *Noch heute läuft die Simeonstraße, die Haupt*

Während dieser Zeit werden in der Porta Nigra, den Kaiserthermen, dem Amphitheater und den Thermen am Viehmarkt stündlich die archäologischen und kunsthistorischen Details fachkundig erläutert.
Die Stadtmauer des 2. Jh. war fast 6,5 km lang und mit Zinnen maximal 8 m hoch. Sie war stadtseitig angeschüttet. Diese Aufschüttung, eine so genannte Berme, diente dazu, die Mauer im Verteidigungsfall schnell besetzen zu können und nicht erst Leitern oder Treppenaufgänge suchen zu müssen.
Die Fundamentbreite der Mauer beträgt bis zu 4 m. 280 ha wurden umschlossen. Fast 40 Türme sicherten die Mauerabschnitte. Der ovale Verlauf der Mauer ist aus topographischen und strategischen Gesichtspunkten heraus umgesetzt. Das Raster der Stadt entsprach immer noch dem Grundgedanken des römischen Schachbrett-Systems.

straße der Fußgängerzone, auf die Porta Nigra zu

Von Markenartikeln und Geldfälschern

Viele Handwerker waren im römischen Trier ansässig. Beliebt bei den Menschen waren zum Beispiel die kleinen Öllämpchen, die noch heute die Magazine des Landesmuseums füllen. Sie waren sozusagen das Einweg- oder Wegwerfprodukt der antiken Gesellschaft. Innovative Formen waren jedoch nicht wie heute durch Produktschutz vor Nachahmern sicher. Auch die Münzstätte in Trier hatte mit Nachahmern zu kämpfen. Diese Falschmünzer stellten Abdrücke der Münzen her, welche ebenfalls im Rheinischen Landesmuseum zu sehen sind. Viele dieser Abdruckformen römischer Münzen sind in Trier ans Tageslicht gekommen, und belegen den äußerst florierenden Wirtschaftszweig der Geldfälscherei.

Trierer Keramik und speziell Trierer Terrakotta wurden ins ganze Römische Reich geliefert. Es haben sich auch sehr schöne Becher mit Trinksprüchen sowie Unmengen von Terra Sigillata erhalten. Im Süden und Südosten der Stadt lagen die Töpfereien und Werkstätten der Glaser. Darüber hinaus waren Tuch- und Weinhandel ausschlaggebend.

Der kaiserliche Hof mit seinem vermutlich hohen Verbrauch an hochwertigen Produkten und die Versorgung von Teilen der römischen Armee von und über Trier waren Gründe für den Reichtum der Stadt in der Antike.

Die Tourist Information Trier ▲

Tourist Information an der Porta Nigra

Gleich an der Porta Nigra befindet sich die Tourist Information Trier. Schwierigkeiten, auf die man als Gast zum Beispiel bei der Zimmersuche stoßen kann, werden hier kompetent und freundlich gelöst. Wer an einem Stadtrundgang oder einer Rundfahrt teilnehmen möchte, wer Informationen sucht oder Karten für aktuelle Kulturereignisse wie zum Beispiel die Antikenfestspiele kaufen möchte, ist hier richtig.

Tourist Information Trier
Tourismus und Marketing GmbH
An der Porta Nigra, 54290 Trier
Tel. (06 51) 9 78 08-0
info@trier-info.de
www.trier-info.de

Postanschrift: Trier Tourismus und Marketing GmbH, Simeonstr. 55, 54290 Trier

Allgemeine Auskünfte, Prospektversand, Fahrradverleih, Tel. (06 51) 9 78 08-88

Reservierung von Erlebnisführungen
Tel. (06 51) 9 78 08-2 91
info@erlebnisfuehrungen.de

Museum Simeonstift und ehemaliges römisches Stadttor Porta Nigra ▼

Simeonstift und Städtisches Museum

Von der gewaltigen römischen Stadtmauer ist in der Nähe der Porta Nigra nichts mehr zu sehen. Heute steht neben dem Stadttor das größtenteils wieder aufgebaute Stiftsgebäude.
Die Besonderheit an dem schönen Innenhof ist der Kreuzgang im ersten Stockwerk. Da die Kirche St. Simeon sich im ersten und zweiten Geschoss der Porta Nigra befand, konnten die Stiftsherren auf diese Weise von der Kirche aus den Kreuzgang aufsuchen ohne viele Treppen steigen zu müssen.
Das Städtische Museum im Simeonstift, frisch erneuert und um einen Anbau ergänzt, zeigt Exponate aus dem Mittelalter und der frühen Neuzeit. Besonders sehenswert sind hier, wie übrigens auch im Rheinischen Landesmuseum und im Dom- und Diözesanmuseum, die großen Modelle der Stadt und verschiedener Gebäudekomplexe.
Weitere Exponate, wie zum Beispiel das Original des Marktkreuzes und der Steipenfiguren, ergänzen einen Rundgang. Das Museum wurde 2007, zum Jahr der großen Konstantin-Ausstellung, wiedereröffnet und in das Gesamtkonzept der Landesausstellung integriert.

Städtisches Museum Simeonstift
Simeonstr. 60 (neben der Porta Nigra)
54290 Trier
Tel. (06 51) 7 18 – 14 59
www.trier-info.de

▲ *Typisches Haus mit Beletage in der Simeonstraße*

Durch die Simeonstraße zum Marktplatz

Die Simeonstraße, welche sich zwischen Porta Nigra und Hauptmarkt erstreckt, ist die Hauptstraße der ständig größer werdenden Fußgängerzone. Hier finden sich die schönsten Fassaden und die meisten Cafés. Doch es lohnt sich allemal, einige Schritte in die Querstraßen zu unternehmen, da man dort einige Entdeckungen machen kann.
Gleich zu Beginn steht auf der rechten Seite ein Haus aus den 1830er Jahren mit Beletage von Georg Wolff, welches heute als Eiscafé zum Verweilen einlädt.
Ein Stück weiter, auf der gegenüberliegenden Seite, springt sofort eine hohe mittelalterliche Fassade ins Auge, deren Farbgebung fast schon ein wenig orientalisch wirkt. Die prunkvolle Fassade gehört dem seit dem 17. Jahrhundert so genannten

Dreikönigenhaus, erbaut im frühen 13. Jahrhundert, in der Übergangszeit zwischen dem romanischen und dem gotischen Stil. Jedoch ist dieser Anblick einer Rekonstruktion zu danken. Die vielen Phasen der Zerstörung und vor allem der Zweite Weltkrieg haben die meisten Gebäude der Innenstadt vernichtet und diese wurden zum Teil erst in den 70er Jahren des 20. Jahrhunderts wieder aufgebaut. Das Dreikönigenhaus verfügte wie jedes andere Haus natürlich über eine Tür, nur dass diese Tür im ersten Stockwerk lag und die untere Partie des Hauses aus geschlossener Wandfläche bestand. Wer also hinein wollte, musste über eine vermutlich hochklappbare Leiter steigen. Unbequem aber eben sicherer. Kurz vor dem Marktplatz öffnet sich unter einer Fachwerkgruppe der Eingang in eine kleine Gasse. Die Judengasse war das Wohnghetto der jüdischen Bevölkerung bis ins frühe 15. Jahrhundert. Zu diesem Zeitpunkt musste die jüdische Gemeinde die Stadt verlassen. Diskriminierung und der Ausschluss vom normalen bürgerlichen Leben in der Stadt prägten die Lebensbedingungen dieser aber auch anderer Minderheiten.

Geht man ein Stück weit in die Gasse, wird der Unterschied einer römischen oder modernen zu einer mittelalterlichen oder frühneuzeitlichen Stadt klar. Während man vor 1.700 Jahren Toiletten und Kanalisation zur Verfügung hatte, fehlt diese hygienische Versorgung im Mittelalter. Beim Durchschreiten einer solchen mittelalterlichen Gasse wären die Schritte in Erwartung einer sich nach unten leerenden Bettpfanne wohl deutlich schneller geworden, wenn ein Holzverschlag sich über den Köpfen geöffnet hätte. Diese schauerliche Vorstellung wird durch sommerliche Temperaturen und den

Das Dreikönigenhaus ▼

Schild am Dreikönigenhaus ▼

sich entwickelnden Gestank in der Stadt auf das Furchtbarste ergänzt. Die romantischen Vorstellungen über das Mittelalter sollten nicht darüber hinwegtäuschen, dass die Menschen dieser Zeit kaum 30 Jahre alt wurden und ohne allen Luxus unserer Tage auskamen. Das bedeutet: keine medizinische oder zahnärztliche Versorgung – es half der Schmied mit seiner Zange, keine Verwendung von Wasser und Seife, keine Toiletten und keine Waschmaschinen. Die Überreste jener Epoche wirken romantisch, die Zeit selbst war alles andere als das.

Blick aus der Judengasse ▲

Schönes Fachwerk ▼

Gleich neben der zinnenbekrönten Steipe geht es durch die Dietrichstraße ▲

Der Hauptmarkt

Als Keimzelle der Bürgerstadt, im 10. Jh. eingerichtet, ist der Hauptmarkt noch heute der Hauptplatz Triers, prädestiniert für verschiedenste Veranstaltungen, wobei natürlich auch Markt stattfindet.
Mitten auf dem Platz steht das Marktkreuz als ein sichtbares Zeichen für das von Otto dem Großen dem Erzbischof Heinrich für die Stadt verliehene Marktrecht. Als Schaft wurde eine römische Granitsäule verwendet.
1459 erbaute sich das selbstbewusste Bürgertum St. Gangolf als eigene Marktkirche und einen Repräsentationsbau, der in Trier nach seinen kurzen Säulen Steipe genannt wird. Steipen heißt im Trierer Dialekt soviel wie sich aufstützen. Zwei Streiter stehen über den vier Stadtheiligen (Helena, Petrus, Paulus und Jakobus d. Ä.) an der zinnenbekrönten Fassade des Hauses. Nicht nur die Tatsache, dass sie größer sind als die Heiligen und über deren Köpfen stehen, musste den Erzbischof ärgern, son-

Ritter an der Steipe: Das offene Gesicht symbolisiert Wohlwollen gegen Stadt und Markt ▶

Petrusbrunnen und St. Gangolf ▲

dern auch die Ausrichtung und verschiedene Helmtracht der beiden Soldaten war eine Herausforderung durch die Bürgerschaft.
Nicht weit entfernt vom Marktkreuz blickt Petrus als bekrönende Brunnenfigur auf die Bürgerschaft. Der Petrusbrunnen von 1595 kann beinahe als erzbischöfliche Antwort auf die beiden Streiter an der Fassade der Steipe gelten: Man erkennt die vier weltlichen Kardinaltugenden (Gerechtigkeit, Mäßigung, Klugheit und Stärke) als Frauengestalten um die Mittelsäule des Brunnens und als Kontrast dazu kleine Äffchen (die Laster), die Schabernack treiben. Nicht schwer zu erraten, mit welcher dieser beiden Figurengruppen der Bischof seinen Bürgern den Spiegel ihres eigenen Verhaltens vorhielt. Die Originale der Brunnenfiguren befinden sich heute im Bischöflichen Dom- und Diözesanmuseum. Neben der Steipe, in Richtung Dietrichstraße, findet sich ein Haus mit Inschrift. Ante Romam Treviris Stetit Annis Mille Trecentis. Nach mittelalterlicher Legende wurde Trier vom assyrischen Prinzen Trebeta gegründet und das 1.300 Jahre vor Rom.

Weisheit und Gerechtigkeit ▼

Rotes Haus ▲

Die älteste Apotheke Deutschlands ▲

So wollte man selbst Rom ausstechen und als Stadt noch wichtiger erscheinen. Ebenfalls am Marktplatz findet sich die älteste Apotheke Deutschlands, die Löwenapotheke, welche 1241 erstmals erwähnt wird. Durch eine Seitenstraße, die Dietrichstraße, gelangt man zu einem weiteren mittelalterlichen Wohnturm des 11. Jh. mit Eingang im ersten Stockwerk, dem so genannten Frankenturm, benannt nach Franko von Senheim, einem seiner Besitzer im 14. Jh. Ebenfalls in der Dietrichstraße befand sich von 1473 bis 1773 die alte Universität. Mit dem Verbot der Jesuiten zog die Universität in das frei gewordene Gebäude des Jesuitenkollegs neben der Dreifaltigkeitskirche, im Volksmund Jesuitenkirche genannt, um.

Der Frankenturm ▼

Die Sonnenuhr am Marktkreuz ▼

RATSKELLER
RESTAURANT
JEANS

Trierer Dom am Domfreihof ▲

Dom und Liebfrauen

Durch die Sternstraße erreicht man die mittelalterliche Domimmunität mit ihren beiden Kirchen und einigen Kuriengebäuden. Betritt man den Platz, finden sich zur Linken die barocken Gebäude, welche in preußischer Zeit den Kern der Verwaltung bildeten. Preußische Doppeladler an den Giebelfeldern des Palais Walderdorff zeugen noch heute von der Funktion im 19. Jahrhundert. Gleich neben dem romanischen Westwerk des Doms aus salischer Zeit steht die frühgotische Liebfrauenkirche, einer der frühesten Bauten dieses Stils in Deutschland. Beide Kirchen besitzen einen gemeinsamen Kreuzgang und sind als Doppelkirche genauso einmalig wie Simeonstift und Porta Nigra und ebenfalls Unesco-Weltkulturerbe.

Da der Platz seit der römischen Zeit bebaut ist, finden sich bei Ausgrabungen in der Domimmunität immer wieder Reste römischer Großgebäude aus mehreren Jahrhunderten.

Vor dem Domportal liegt eine der vier Säulen, welche die Decke des römischen Quadratbaus abstützten. Der so genannte Domstein, von dem man im Mittelalter erzählte, der Teufel habe ihn geworfen, besteht aus Odenwald-Granit. Angesichts des gewaltigen Gewichts der vier Rohlinge für den römischen Bau muss man über die Transportlogistik der Antike staunen.

Als Kern des heutigen Doms ist der Quadratbau der römischen Kaiser Valentinian und Gratian aus dem späten 4. Jahrhundert gleichsam umschlossen von Kirchenanbauten. Der mächtige Kirchenkomplex, der sich seit dem 4. Jahrhundert an diesem Ort befand, war einer der größten der Spätantike. Im Inneren des Doms finden wir wie ein Lehrbuch der Stilgeschichte Anbauten, Grabmäler und Kirchenschmuck aus vielen Epochen. Der Künstler des Petrusbrunnens, Hans Ruprecht Hoffmann, begegnet uns an zwei Stellen.

Er schuf 1570/72 die Kanzel mit Darstellungen der Werke der Barmherzigkeit und 1614 den manieristischen Allerheiligenaltar. Von Ferdinand Tietz stammt der 1756 aufgestellte Grabaltar für den Erzbischof Franz Georg von Schönborn.

In der Heiltumskapelle des 18. Jahrhunderts wird der Heilige Rock ausgestellt, der schon seit Jahrhunderten

Blick durch das Mittelschiff des Domes zum Altar ▲

Die Liebfrauenkirche ▶

die Menschen nach Trier lockt und so mithalf, die Stadt im Mittelalter und der frühen Neuzeit zu einem bedeutenden Wallfahrtsort werden zu lassen. Das einzige Apostelgrab nördlich der Alpen, in der Abtei St. Matthias im Süden der Stadt, trug ein Übriges dazu bei. Den schönsten Blick auf beide Kirchen hat man aus dem Kreuzgang, in dem sich auch Tafeln zur Geschichte des Gebäudes befinden.

Die Geometrie des Doms entwickelte sich aus dem Zentralbau der römischen Zeit. Setzen Sie sich für einige Momente in den Dom und blicken Sie nach oben ins Gewölbe: Aus dem römischen Zentralbau wurde ein Langhaus, eine Hallenkirche mit fünf Jochen und einem Pfeilerabstand, der rhythmisch wechselt. Im Mittelschiff finden sich abwechselnd rechteckige und breite, quadratische Joche. Entsprechend dem Mittelschiff sind bei den Seitenschiffen quadratische und tiefrechteckige Joche in umgekehrter Reihenfolge verwirklicht. Der Domkreuzgang ist als Rechteck mit 12 zu 8 Jochen typisch frühgotisch. Viele Bauteile stehen in einem engen Beziehungsgeflecht zueinander. Doch bietet sich im Dom die Möglichkeit, Fragen an kompetente Gästebegleiter zu stellen, denn wie die Römerbauten in Trier verfügt auch der Dom über einen Führungsdienst für Gäste, der durch den Dom, die Domschatzkammer und die Ausgrabungen unter der Domimmunität führt.

Neben dem Dom, in der Windstraße, befindet sich das Dom- und Diözesanmuseum. Für den Kulturreisenden sind unter anderem die spätantiken Deckengemälde in diesem Museum ein absoluter Höhepunkt.

Der Domstein. Teil einer der vier römischen Säulen des 4. Jh. aus Odenwald-Granit. ▼

Der Innenraum der Liebfrauenkirche ▲

Die Liebfrauenkirche wurde um 1235 im Bau begonnen und um 1260 fertig gestellt. Das ursprüngliche Gebäude der spätantiken Doppelkirche wurde nach der Zerstörung durch die Normannen 882 im 10. Jh. durch einen einschiffigen Neubau ersetzt. Dieser wiederum wich der frühesten gotischen Kirche Deutschlands. Das Portal mit seinem Figurenschmuck zeigt Szenen des Alten Testaments, der Verkündigung sowie im Tympanon die Vorstellungen über die Weltordnung der Menschen des 13. Jh. Der Zentralbau besitzt einen tropfenförmigen Grundriss und als Struktur im Inneren ein griechisches Kreuz. Die strenge Symmetrie der Kreuzarme wird lediglich durch einen verlängerten Chor durchbrochen. Von einem markierten Punkt in der Liebfrauenkirche kann man auf ihren Säulen die zwölf Apostel sehen. Als die zwölf tragenden Säulen der Kirche stehen sie sinnbildlich im Kirchenraum.

Tritt man aus der Kirche heraus, so sieht man gegenüber eine Kopie des Neumagener Weinschiffs (siehe: Von Weinschiffen und Grabsteinen).

▲ *Der Bogen markiert den Eintritt in die Domimmunität*

Vorbei an der ungewöhnlichen konkav-konvexen Fassade des Palais Kesselstadt des Mainzer Architekten Johann Valentin Thomas aus der Zeit um 1745 in Richtung Süden, gelangt man zur so genannten Konstantinbasilika.

Wir verlassen den Dombezirk. Ein Blick auf die Stadtkarte zeigt dessen Umfang. Um das Jahr 1000 ließ Erzbischof Ludolf die nach ihm benannte Ludolfsche Mauer um die Domstadt errichten. Ihr Verlauf ist an den Straßen um den Dom gut abzulesen: Palaststraße, Grabenstraße, Hauptmarkt, Glockenstraße und Flanderstraße markieren noch heute den Verlauf der Verteidigungsmauer.

Vor dem Erreichen der Basilika lohnt ein kleiner Abstecher in eine Seitenstraße, die Jesuitenstraße. Das Gebäude des Jesuitenkollegs wurde nach dem Verbot der Jesuiten von 1773 bis 1798 als Teil der Universität genutzt.

Diese hatte ihren ersten Standort in der Dietrichstraße, wurde aber 1773 in die heutige Jesuitenstraße verlegt. Zwischen 1610 und 1614 entstand das Renaissancegebäude aus Steinen der Barbarathermen.

▲ *Das ehemalige Jesuitenkolleg*

Daneben steht die Jesuitenkirche beziehungsweise Dreifaltigkeitskirche, deren älteste Teile aus dem 13. Jh. stammen.

Der Jesuitenorden übernahm die Universität und im 16. Jh. auch die ehemalige Franziskanerkirche.

◀ *Figuren des Neumagener Weinschiffs gegenüber der Liebfrauenkirche*

Die Konstantinbasilika ▲

Die Konstantinbasilika

Mit einer Grundfläche von etwa 70 mal 30 m und über 30 m Höhe war und ist die Halle beeindruckend. Allein die Fenster sind über 7 m hoch. Ehemals verputzt, bemalt und beheizt, wurde der Bau schon in der Antike literarisch erwähnt. Seit 1857 als protestantische Kirche zum Erlöser genutzt, macht die Basilika heute noch römische Raumstruktur erfahrbar. Sie wurde im Verlauf einer bewegten Geschichte umgebaut, abgetragen und wieder aufgebaut und nur eine der beiden Außenwände und die Apsis sind noch original erhalten. Schauen Sie einmal nach oben. Sie sehen den größten säulenlosen römischen Saal nördlich der Alpen. Die freitragende Holzkassettendecke wurde nach Kriegszerstörung 1956 wieder fertig gestellt, der Platz vor der Basilika 1983 von O. M. Ungers gestaltet.

Mit etwas Phantasie kann man sich in den marmorgeschmückten Thronsaal, die aula palatina, zurückdenken, in dem der Kaiser das Imperium repräsentierte. Allerdings wurde der Hallenbau zu Zeiten Konstantins nicht fertig

gestellt und müsste eigentlich Aula des Valentinian genannt werden, da sie erst durch die Kaiser des späten 4. Jahrhunderts komplettiert und genutzt wurde.
Vom Bautyp her ist die einschiffige Halle auch eigentlich keine Basilika. Die Aula verfügt über eine bemerkenswerte Akustik und das neue Orgelprospekt von 2014 bestehend aus 87 Registern und 6.006 Pfeifen garantiert ein einzigartiges Klangerlebnis für viele Musikfreunde. Alles in allem ist sie eine der größten Hallen der antiken Welt, welche heute noch begeh- und erlebbar sind.
Bemerkenswert ist auch ein baulicher Trick, mit dessen Hilfe die Halle noch größer wirkt. Die Fenster der Apsis sind kleiner als die Fenster der Seitenwände. Dadurch wird die Raumwirkung dahingehend beeinflusst, dass das Gebäude optisch länger wird. Anzumerken ist noch, dass die Porta Nigra in der Basilika problemlos Platz findet, was ein Modell am Eingang anschaulich macht.
Der Rote Turm aus dem 17. Jahrhundert, 1830 vom Architekten Georg Wolff um ein Geschoss erhöht und später zum Glockenturm für die Basilika umgebaut, gehörte ebenso zum Kurfürstlichen Palais wie das Portal gleich daneben. Die Funktion des Glockenturms für die Basilika erfüllt der Rote Turm seit 1967 mit einer neuen Glocke.

Innenansicht Südseite mit Eule-Orgel von 2014 ▼

Der Rote Turm und das Eingangsportal zum erzbischöflichen Komplex hinter der Basilika ▲

Stolpersteine im Trierer Pflaster

Antisemitismus und Verfolgung von Minderheiten sind keine Erscheinung der Neuzeit. Schon die Antoniuskirche am Viehmarkt wurde auf dem alten jüdischen Friedhof errichtet, woran noch ein einzelner jüdischer Grabstein erinnert. Ganz in der Nähe, in der Zuckerbergstraße, befand sich bis zur Pogromnacht 1938 die alte Synagoge. Ein meist geschmückter Gedenkstein mahnt am ehemaligen Standort. In der ganzen Stadt verteilt finden sich im Pflaster zehn mal zehn Zentimeter große Messingplatten mit eingehämmerter Schrift. Die Stolpersteine des Kölner Bildhauers und Malers Gunter Demnig sind dem Gedenken an die Opfer des Nationalsozialismus gewidmet. Sie erinnern nicht nur an die verfolgten und ermordeten Juden, sondern auch an Sinti und Roma, politisch Andersdenkende, Priester, Homosexuelle und Euthanasieopfer. Die Steine sind jeweils vor dem ehemaligen Wohnhaus zu finden und begegnen auf Schritt und Tritt beim Gang durch die Altstadt.

Konstantinbasilika, Kurfürstliches Palais und eine der Figuren von Ferdinand Tietz im Palastgarten ▲

Das Kurfürstliche Palais
Die Rokoko-Fassade des Palais, vom Trierer Erzbischof und Kurfürst Johann Philipp von Walderdorff im 18. Jh. in Auftrag gegeben, wird durch eine Gartenanlage mit Figurenprogramm ergänzt. Sagengestalten und Götter der Antike begegnen uns im Giebel des Palais und entlang der Promenaden des Palastgartens, den wir in Richtung Kaiserthermen und Rheinisches Landesmuseum durchqueren. Für Palais und Statuen waren der Architekt Johannez Seiz, ein Schüler Balthasar Neumanns, und der Bildhauer Ferdinand Tietz verantwortlich. Dem Palais fehlt, wie aus einigem Abstand deutlich zu sehen ist, der linke Flügel. Dies erklärt sich dadurch, dass Basilika und Palais in ihrem heutigen Zustand niemals gleichzeitig standen. Im 17. Jahrhundert wurden die Vorhalle, die Ost- und Teile der Südwand der Basilika niedergelegt und aus dem Gebäude wurde eine Außenmauer der kurfürstlichen Palaisanlage. Als die Basilika im 19. Jahrhundert als Kirche wieder aufgebaut wurde, war die Struktur des erzbischöflich-kurfürstlichen Gebäudes nun ihrerseits zerstört.

Das Giebelfeld des Palais mit antiken Göttern und mythologischen Gestalten ▼

Das Treppenhaus des Kurfürstlichen Palais, vollendete Raumkomposition des Rokoko ▲

Der moderne Kompromiss, der die Basilika zugänglich macht, kostet einen Teil des Kurfürstlichen Palais. Trotzdem ist der Blick auf beide Gebäude eines der beliebtesten Postkartenmotive Triers. Ein Gang um den Palaiskomplex herum zeigt noch Bauelemente aus der Renaissance. Gehen wir nun durch den Palastgarten zwischen mittelalterlicher Stadtmauer und Weberbach, so fällt der Blick auf eine große römische Ruine.

Die Kaiserthermen

Geplant als große Thermenanlage und als Abschluss des römischen Kaiserbezirkes in Trier wurden die nach einem Besuch Kaiser Wilhelms II. in Trier zu Beginn des 20. Jahrhunderts so genannten Kaiserthermen jedoch nie ganz fertig gestellt. Begonnen wurde der Bau wohl schon Ende des 3. Jahrhunderts, als Trier Herrschersitz wurde, aber in einer der größten Badeanlagen des ganzen Imperiums floss niemals ein Tropfen Wasser. Da Konstantin im Kampf um die Alleinherrschaft Trier 316 verließ, war der Bedarf an Repräsentationsbauten nicht mehr in dem Maße gegeben wie zuvor. Zwar waren Angehörige der kaiserlichen Familie in der Stadt, jedoch war diese nicht mehr Residenz. Erst Jahrzehnte später wurde aus der Bauruine die Unterkunft für die germanisch-fränkische Garde des Kaisers Valentinian, der Trier im letzten Drittel des 4. Jahrhunderts wieder zur Hauptstadt machte. Die palatini waren als Leibgarde des Imperators stets in dessen Nähe und brauchten Quartier und Exerziermöglichkeit. Beides bot die geräumige Bauruine.

Das Caldarium der Kaiserthermen von Osten gesehen ▶

So wurden die Kaiserthermen Kaserne mit kleinem Militärbad. Zwar blieb der Bau unvollendet, doch die beeindruckende Größe von 250 mal 145 m passt zum römischen Trier, dem Rom des Nordens. Heute sind die noch begehbaren unterirdischen Gänge, welche das Abwasser- und Heizungssystem aufgenommen hätten, ein Höhepunkt des Besuches der römischen Anlage. Die Gewölbe der Gänge wurden wie die Vomitorien, die Eingänge des Amphitheaters, auf hölzerne Schalen gegossen, was man an den Schalbretterabdrücken sehr gut erkennen kann. Suchen Sie doch einmal den römischen Zirkelabdruck in einem der Gewölbe nahe dem Caldarium. Vermutlich wurde der Zirkel auf der Holzschale vergessen und kam erst wieder zum Vorschein, als der Beton ausgehärtet war und die Holzschale entfernt wurde.

Thermenanlagen dienten nicht nur der Hygiene. Sie waren vor allem Zentren der Kommunikation. In einer Zeit ohne Fernsehen, Radio, Zeitungen und Internet flossen die Informationen und Neuigkeiten direkt von Mund zu Ohr. Wer aufgrund einer unternommenen Reise etwas zu erzählen hatte, konnte sich eines interessierten Publikums sicher sein.

Man bestieg nicht Flugzeug oder Bahn, sondern sammelte im wahrsten Sinne des Wortes unterwegs Erfahrung. Informationen besaßen in der damaligen Zeit länger Aktualität. Soziale Kontakte, Geschäfte, Freundschaften und Vergnügen kamen in den großen Thermen des Römischen Reiches niemals zu kurz. Antike Autoren wie Seneca und Plinius der Jüngere beschreiben das Treiben in den Bädern sehr anschaulich und sind lohnenswerte und nebenbei bemerkt auch ziemlich witzige Lektüre. Es begegnen uns die aus unseren Tagen bekannten Nörgeleien, Eitelkeiten, Stärken und Schwächen der Menschen.

Gegliedert waren römische Badeanlagen immer nach einem festen Prinzip. Entlang einer Mittelachse fanden sich die Haupträume. Das Baden begann im Warmbadetrakt und endete oft im Freien. Nach Entkleidung und Reinigung betrat man das caldarium, den Heißbadesaal. Von dort ging man durch einen lauwarmen Raum, das tepidarium, in den Kaltbadesaal, das frigidarium.

Die Anordnung schonte nicht nur den Kreislauf durch langsamen Temperaturübergang, sondern war auch ökonomisch sinnvoll, da der lauwarme Raum der Wärmeisolierung diente. Große Fenster und sogar Doppelverglasung waren durch die Erfindung des großflächigen Glasgusses in der römischen Zeit möglich. Meist waren die Warmbadesäle römischer Thermen nach Süden ausgerichtet. So konnten die mit Fenstern versehenen Fassaden viel Sonnenwärme nutzbar machen. Hierin sind die Kaiserthermen jedoch eine Ausnahme. Aus repräsentativen Gründen sind sie mit den Langseiten entlang des decumanus maximus gebaut, womit das caldarium nach Osten und nicht nach Süden zeigt. Nach ausgiebigem Schwimmen im Kaltbadebe-

Ein Blick in die Ruine. Die Bedienungsgänge der Anlage sind sehr gut auszumachen. ▼

cken konnte man auf dem Sportplatz der Thermen, der palaestra, welche oft über ein Außenbecken, eine natatio, verfügte, Körperertüchtigung betreiben.
Wellness-Center würde der moderne Name einer solchen Anlage lauten. Massage, medizinische Versorgung, Sport und Spiel, Krafttraining, gemeinsames Essen und Trinken und nicht zuletzt der Gang auf die Gemeinschaftstoilette machten die Thermen zum beliebtesten Aufenthaltsort für die Bürger. Bei der Reinigung benutzte man keineswegs Wasser und Seife, sondern Salben und Öle und die Hitze von Saunen, welche die Gäste zum Schwitzen brachte. Den Körper mit Öl bedeckt, betrat man die Sauna. Mit dem Schweiß löste sich der Schmutz und, so glaubte man, verließen viele Krankheiten den Körper. Genau genommen gar nicht so falsch! Die Masse aus Öl und Schweiß wurde durch Sand gebunden, welcher auf den Körper gestreut wurde, um anschließend mit einem Schaber entfernt zu werden. Autsch. Dabei ging meist sämtliche Körperbehaarung bis auf das Haupthaar verloren. Dies entsprach dem antiken Modediktat. Da man wegen der heißen Böden nur Schuhe mit Holzsohlen trug und ansonsten nackt badete, konnte man gleich sehen, ob jemand modebewusst war oder nicht.

Männer und Frauen sollten getrennt baden, es ist aber anzunehmen, dass in der Antike Gesetze genau wie heute ein Soll-Zustand und kein Ist-Zustand waren. Die Lebenswirklichkeit verschafft sich immer gegenüber der Norm Geltung. Wir wissen von einer ganzen Reihe von Thermen, in denen gemischtes Baden stattfand und die aufgrund dieser Tatsache natürlich meist sehr gut besucht waren.

Rheinisches Landesmuseum Trier ▲

Das Rheinische Landesmuseum Trier
Bevor man das Rheinische Landesmuseum erreicht, durchschreitet man ein Tor der mittelalterlichen Stadtbefestigung. Ein Vergleich mit der Porta Nigra zeigt den enormen Größenunterschied.
Das Rheinische Landesmuseum beherbergt einige der wirklich bedeutenden Funde der Archäologie in Deutschland. Die Mosaiken, von

denen man in und um Trier inzwischen einige hundert ergraben hat, sind in ihrer Qualität und Menge zumindest hierzulande ohne Vergleich. Der Mosaikensaal, von oben einseh- und von unten her begehbar, zeigt die Prunkstücke der Sammlung. Holzfunde, die seit 1970 im dendrochronologischen Labor des Museums bearbeitet und oft auch genau datiert werden, sind anschaulich erklärt. Die ausgestellten Mosaike und Wandmalereien belegen den hohen Wohnstandard römischer Häuser. Unzählige Exponate zum täglichen Leben, hervorragende Modelle, ein phantastischer Münzschatz und eine gute didaktische Aufbereitung der Funde machen den Museumsbesuch lohnenswert. Eine ägyptische Mumie aus der Spätzeit und zahlreiche Funde aus dem Mittelalter ermöglichen den Blick über den Tellerrand der provinzialrömischen Archäologie.

Die Stadtbibliothek

In Nachbarschaft der Kaiserthermen zeigt die Stadtbibliothek mit ihrer 364 m² großen Schatzkammer Buchkunst aus vielen Jahrhunderten. Unzählige Handschriften und vor allem der zum Unesco-Weltdokumentenerbe gehörende Egbert-Codex, als Teil der Reichenauer Handschriften, werden hier aufbewahrt. Die 42-zeilige Trierer Gutenberg-Bibel ist die einzige, die seit ihrer Entstehung (um 1455) immer am gleichen Ort verblieb.

Das römische Amphitheater

Das lateinische Wort Amphitheater wurde erst in der Zeit des Römi-

Schatzkammer der Stadtbibliothek ▲

schen Reiches verwendet! Es bedeutet soviel wie von allen Seiten Tribünen. Das Amphitheater ist im Gegensatz zum klassischen griechischen Theater rundherum einzusehen.
Als ein weiteres städtisches Kommunikationszentrum neben den Thermen war auch das Amphitheater

Amphitheater und Kaiserthermen ▶

Warme Räume, sauberes Wasser und gute Straßen

Nicht viele Länder besitzen heute eine derart hochwertige Infrastruktur. Römische Häuser und öffentliche Gebäude verfügten in den meisten Fällen über eine Heizungsanlage, welche hypocaustum (darunter brennen) genannt wurde. In einen von Ziegelpfeilern getragenen Hohlfußboden wurde Heißluft eingeleitet. So genannte Praefurnien, die Öfen der Anlage, wurden mit Holz oder Holzkohle befeuert. Die dort entstandene warme Luft stieg aus den am Rand des Raumes unter dem Bodenniveau liegenden Praefurnien in den Hohlfußboden auf. Oft waren die Wände der Räume zudem mit tubuli, Hohlziegeln, versehen, so dass die Wärme ebenfalls die Wandzone beheizte. All das ergab ein sehr gutes Raumklima. Die Energieeffizienz war sehr hoch, da zur Strahlungswärme noch Konvektionswärme hinzukam. Das Wasser für die Badebecken der Thermen wurde in Durchlauferhitzern erwärmt, die mehrere Meter hoch sein konnten. Raum- und Wassertemperaturen erreichten spielend 35–40 Grad Celsius und das selbst in großen Hallen mit 30 m Deckenhöhe. Die physikalischen Gesetzmäßigkeiten für all die technischen Errungenschaften der römischen Antike waren allen Baufachleuten bekannt. Zudem gab es Spezialisten für besondere Strukturen und Werkstoffe. Opus caementitium, der römische Beton, machte meterdicke Mauern, wasserdichte Becken und Kuppeln mit atemberaubendem Durchmesser möglich.

Die Wasserversorgung mittels Wasserleitungen, den Aquädukten, das Straßensystem des Imperiums mit mehreren zehntausend Kilometern Länge, das perfekte innerstädtische Ordnungsprinzip einer römischen Planstadt und die Menge an technischem Wissen lässt uns heute staunen. Alleine die Ruwerwasserleitung, als Teil der Wasserversorgung Triers, hatte eine Tagesleistung von zwischen 25.000 und 40.000 Kubikmetern. Der Vergleich mit dem heutigen Wasserbedarf Triers von 21.000 Kubikmetern macht die ungeheure Menge klar.

Pomponius Mela, ein Geograph und Reisender, nannte Trier bereits 44 nach Christus, in der Regierungszeit des Kaisers Claudius urbs opulentissima, eine sehr reiche und wohlhabende Stadt. Wahrscheinlich bekam Trier von Claudius auch den besonderen rechtlichen Status einer colonia. Im Verlauf der drei Jahrhunderte nach dem Besuch des Pomponius Mela erhielt die Stadt eine Befestigung mit monumentalen Eingangstoren, gewaltige Thermen, einen leider heute verschwundenen Circus für Wagenrennen, ein Amphitheater, Tempel und ein Forum mit repräsentativen Großgebäuden. Höhepunkt der städtischen Entwicklung war dann der Umbau großer Teile der Stadt zur Kaiserresidenz. Was hätte Pomponius Mela wohl gesagt, hätte er Trier zu Beginn des 4. Jahrhunderts gesehen?

Reste der römischen Ruwerwasserleitung ▼

Blick in die Arena des Trierer Amphitheaters ▲

gesellschaftlicher Treffpunkt mit hoher Anziehungskraft. Während man in den Thermen meist einen geringen Eintritt zu zahlen hatte, waren die Spiele für die Besucher kostenlos. Man würde den Zustand heute wohl als Sponsoring bezeichnen. Reiche Bürger, Politiker im Wahlkampf oder auch Mitglieder des Kaiserhauses finanzierten die oft mehrtägigen Veranstaltungen. Wie bei modernen Sportstätten spiegelte die Sitzordnung den Gesellschaftsstatus der Zuschauer wider.In und um die Amphitheater des Römischen Reiches befand sich eine streng durchorganisierte Unterhaltungsmaschinerie ähnlich den modernen Wettkampfstätten.

Clowns, Artisten, Künstler, Kriegsgefangene, Verurteilte, Gladiatoren und Tiere traten auf. Große Mengen an Geld wechselten den Besitzer. Selbst wenn wir heute einen Teil der überzogenen Vorstellungen über das Geschehen während der Spiele relativieren können, so steht doch fest, dass sie ausgesprochen brutal werden konnten und viele Beteiligte das Leben kosteten.

Das Trierer Amphitheater ist wohl gegen Ende des 2. Jahrhunderts erbaut und gehört zu den größten des Reiches. Die Arena misst 160 mal 240 römische Fuß, 47,5 mal 71 m. Die Bezeichnung Arena leitet sich übrigens vom griechischen Wort für Sand ab. Beide Seiten der Anlage in Trier sind aufgeschüttet. Mächtige Mauern stabilisierten die Anschüttung.

Wie bei der Stadtmauer fand auch beim Amphitheater zweischaliges Kalksteinmauerwerk Anwendung. In die Schale kam eine Füllung aus Bruchstein und Gussmauerwerk, das so genannte opus caementitium. Es gibt noch heute 13 Türöffnungen und einen von der Arena aus begehbaren Keller.

In römischer Zeit besaß die Arena eine Hebebühne, mit deren Hilfe man Dinge erscheinen und verschwinden lassen konnte. Die steinernen Sitzreihen wurden im Mittelalter entfernt. Wenn die bisherigen Vorschläge zur Rekonstruktion stimmen, fanden etwa 18.000 Zuschauer im Trierer Amphitheater Platz.

Die Tage der Spiele waren technisch und dramaturgisch gut geplant und die Menschen strömten bei Beginn derart durch die Eingänge, dass man diese vomitorien, Ausspucker, nannte. Doch auch diese beliebte Anlage wurde nach der Zeit des Imperiums nicht mehr gebraucht. Mit Erlaubnis des Stadtherrn durften hier seit 1211 die Mönche des Klosters Himmerod Steine für ihre Gebäude herausbrechen. Im 19. Jh. setzte verstärkt archäologisches Interesse ein und vor etwa 25 Jahren wurde das Amphitheater durch umfangreiche Arbeiten in den heutigen Zustand versetzt.

Rheinisches Landesmuseum Trier
Weimarer Allee 1, 54290 Trier
Tel. (06 51) 97 74-0
www.landesmuseum-trier.de

Schatzkammer der Stadtbibliothek Weberbach
Stadtarchiv, Weberbach 25, 54290 Trier
Tel. (06 51) 7 18 14 27
www.stadtbibliothek-weberbach.de

Götter und Tempel

Vom römischen Tempelbezirk im Altbachtal ist heute nichts mehr zu sehen. Schrebergärten bedecken die Fläche, auf der in der Antike Götter und Ahnen verehrt wurden. Römische Götter wurden mit einheimischen, keltischen Gottheiten gleichgesetzt. Das Pantheon von Römern und Kelten verschmolz. Ein Konflikt um die Religion wurde auf diese Art und Weise geschickt vermieden. Den Menschen blieb ein entscheidender Teil ihres Lebens, die Religion, trotz römischer Eroberung erhalten. Der Tempelbezirk im Altbachtal war 5 ha groß und bestand aus über 70 Tempeln und sonstigen Gebäuden. Die archäologische Funddichte dieses Tempelbezirks ist einmalig in der gesamten römischen Welt. Weitere Ausgrabungen sind bereits in Planung. Am Moselufer, nordöstlich der Römerbrücke, stand in einem von Säulenhallen umgebenen Hof ein Podiumstempel des 2. Jahrhunderts. Weitere Tempelanlagen sind am Herrenbrünnchen, südlich des Altbachtals, und am Fuß des Markusbergs auf der westlichen Moselseite, am Irminenwingert, belegt. Ein Bild römischer Tempelanlagen der hiesigen Gegend gewinnt man beim Besuch der Rekonstruktion eines kleinen Tempelbezirks bei Tawern auf dem Metzenberg.

Mercurius-Figur im röm. Tempelbezirk ▼

Vom Kornmarkt nach Zurlauben

Der Kornmarkt
Den zweiten Rundgang beginnen wir am Kornmarkt und nehmen dann den Weg in Richtung Südallee/Kaiserstraße zur Römerbrücke.

Der neu gestaltete Kornmarkt wird noch immer von dem schönen Sankt Georgsbrunnen beherrscht. Der Rokoko-Brunnen wurde von den Bürgern für den Kurfürsten und Erzbischof Franz Georg von Schönborn erbaut. Auch hier war der uns bereits bekannte Architekt Johannes Seiz für den Entwurf verantwortlich.

Das Karl-Marx-Geburtshaus
Durch die Fleischstraße, benannt nach dem im Mittelalter hier ansässigen Handwerk, geht man in Richtung Brückenstraße, in der sich das Karl-Marx-Haus befindet.

An der Kreuzung steht das Haus Venedig, ein Patrizierhaus aus dem 17. Jh. Etwas weiter in der Brückenstraße erreicht man das Geburtshaus des berühmten Trierers, welches heute ein Museum über Leben, Wirken und Nachwirken von Karl Marx beherbergt und Anziehungspunkt speziell für die Besucher aus China ist.

Sommerliche Atmosphäre auf dem Kornmarkt ▼

Träger des Museums und des angeschlossenen Studienzentrums ist seit 1968 die Friedrich-Ebert-Stiftung. Das Barockhaus aus dem Jahr 1727 war jedoch nur ein Jahr Heimat der Familie Marx, die 1819 in die Simeonstraße umzog.
1928 erwarb die SPD das Haus. Die Nationalsozialisten missbrauchten es als Standort für ihr Nationalblatt. Heute ist es mit neu gestalteter Ausstellung und Didaktik Anlaufpunkt für politisch Interessierte.

Karl-Marx-Haus, Brückenstraße 10, 54290 Trier
Tel. (06 51) 9 70 68-0, www.fes.de/karl-marx-haus

Das Geburtshaus von Karl Marx ▲

Museum im Karl-Marx-Haus ▼

Glasfassade der Viehmarktthermen ▲

Pfarrkirche St. Antonius ▲

Der Viehmarkt

Auf dem Viehmarktplatz befindet sich unter dem Schutzbau des Kölner Architekten O. M. Ungers eine weitere römische Großanlage. Dieses Fenster in die Stadtgeschichte präsentiert unter anderem die Reste römischer Häuser der ersten beiden Jahrhunderte nach Christus.

Aus einem offiziellen Gebäude unbekannter Funktion des 2. Jahrhunderts wurde vermutlich etwa hundert Jahre später ein kleines Bad, ein so genanntes balneum. Auf den römischen Mauern befinden sich die Überreste einer Klosteranlage des frühen 17. Jahrhunderts.

Man sieht sehr schön, wie die Stadt Schicht um Schicht in die Höhe wuchs. Gussmauerwerk in den Schalenmauern, Innenverputz römischer Räume, der Abwasserkanal einer römischen Straße, Beckenböden und Heizungsanlagen sind am Fundort konserviert. Viele konstruktive Details sind am römischen Gebäude nachvollziehbar. So ist an den römischen Fundamenten eine interessante bauliche Eigenart auffällig. Die Mauern sind dossiert, das heißt sie verjüngen sich in kleinen Schritten nach oben hin. Daher sind römische Fundamentmauern immer noch ein Stück massiver gebaut als alles, was man über der Erde sieht. Trifft man dort schon auf Mauerstärken von zwei bis drei Metern, so sind die darunter liegenden Schichten noch um einen gehörigen Faktor stärker gebaut.

Auf dem Platz sind durch farbiges Pflaster römische Straßen angedeutet. Die passenden Abwasserkanäle dazu finden sich unter dem Schutzbau. So kann man beim Besuch der Thermen am Viehmarkt in einmaliger Weise Stadtgeschichte erleben, wo doch ursprünglich nur eine Tiefgarage geplant war. Die Bauarbeiten Ende der 80er Jahre erbrachten allerdings einen gewaltigen archäologischen Befund, so dass die gesamte Planung für die Tiefgarage hinfällig wurde. Die Grabungen fanden zwischen 1987 und 1994 statt.

Der Segen Triers, seine Geschichte, kann für Bauherren bisweilen ein Fluch werden. Und ohne die nicht enden wollende Diskussion über das Für und Wider moderner Architektur, wie der Viehmarktthermen, von den Trierern oft nur „Ungers-Vitrine" genannt, würden sich die Trierer wahrscheinlich langweilen.

Anschließend führt der Weg vorbei an Theater und Rathaus durch die Hindenburgstraße in Richtung Südallee/Kaiserstraße. Am Rathaus sind die Reste der Augustinerkirche erhalten. Die Bettelordenskirche wird 1271 erstmals erwähnt. Es stehen aber nur noch Teile der Außenwand des nördlichen Seitenschiffes und der Apsis im Originalzustand.

Das hohe Betongebäude mit der seltsam anmutenden Dachkonstruktion nebenan ist ein Hochbunker aus der Zeit des Zweiten Weltkrieges.

An der neuen Synagoge angelangt, gehen wir zuerst ein Stück nach Osten. In der Allee befinden wir uns beinahe genau auf dem alten decumanus maximus. An der ersten großen Kreuzung öffnet sich nach Süden hin der Blick in die

Rathaus mit den Resten der Augustinerkirche ▲

Der Hochbunker aus dem Zweiten Weltkrieg ▲

Die neue Synagoge ▲

Wehrturm in der Südallee ▶

Saarstraße, den cardo maximus des römischen Trier. Hier stehen wir nun in der Mitte der römischen Stadt, wo sich das Forum befand.
Die Neustraße birgt in den Kellern der Häuser die Reste der ehemals 100 m langen und 25 m breiten Forumsbasilika aus dem 2. Jahrhundert. Diese Größenangaben allein machen klar, wie groß das Forum in Trier war.

Theater Trier
Am Augustinerhof 3, 54290 Trier
Tel. (06 51) 7 18 34 64
www.teatrier.de

Brot und Spiele

Neben dem Amphitheater gab es in Trier auch einen Circus. Nordwestlich des Amphitheaters, zwischen der Hermes- und Agritiusstraße, erstreckte sich seit dem 2. Jahrhundert eine 500 m lange Rennbahn. Ein Blick in den Stadtplan zeigt, dass einige heutige Straßen den alten Mauerverlauf markieren: Helenenstraße, Egbertstraße und Teile der Agritiusstraße.
Das Polydus-Mosaik im Rheinischen Landesmuseum zeigt die Quadriga des Wagenlenkers Polydus und den Namen seines Leitpferdes Compressor. Wagenrennen waren Spektakel, bei denen die meisten Bürger Farbe bekannten. Die Rennställe hatten bestimmte Farben, welche bei den Rennen den Wagen vorangetragen wurden. An dieser Stelle drängt sich der Vergleich zur Moderne geradezu auf. Die Veranstaltungen im Circus und auch die im Amphitheater waren Ventil für die Gesellschaft. Häufig waren in der Antike dieselben Randerscheinungen zu bedauern, wie es sie bei modernen Sportveranstaltungen gibt. Es war kostenlos, daher voll, laut und viele Zuschauer lebten sich richtig aus. Brot und Spiele gibt es auch heute noch.
Im Amphitheater und den Kaiserthermen finden jährlich Gladiatorenspiele und Römerspektakel statt. Gruppen römischer Legionäre aus ganz Europa sowie Handwerker mit ihren auf überlieferte Art und Weise hergestellten Produkten versetzen die Besucher zurück in die Welt der Spiele.

Polydus-Mosaik ▼

Die Barbarathermen

Erbaut in der zweiten Hälfte des 2. Jahrhunderts, waren diese Thermen die zweitgrößten ihrer Zeit. Nur die Thermen des Kaisers Traian in Rom waren größer. Der Name Barbarathermen leitet sich von einem mittelalterlichen Vorort der Stadt ab. Dieser gewaltige Bau unterstreicht, wie wichtig die Stadt gewesen sein muss. Im Gegensatz zu den Kaiserthermen fand hier über Jahrhunderte hinweg Badebetrieb statt. An den riesigen Becken wird klar: Da man zur damaligen Zeit das Wasser nicht mit Chemikalien reinigen konnte, benötigten die Becken einen gewaltigen Frischwasserzufluss. Dies erklärt den enormen Wasserverbrauch römischer Städte. Mit etwa 170 mal 240 m besaßen die Barbarathermen wahrhaft imperiale Ausmaße (über 40.000 m^2). Ihre Überreste standen noch im 17. Jahrhundert, so dass zu einigen Anlässen Kanoniere ihre Waffen an ihnen erprobten.

Zu Beginn des 19. Jahrhunderts sah man über der Erde nichts mehr, jedoch brachte eine Vielzahl von Grabungen in der Folgezeit die Thermen wieder ans Licht. Nach Restaurierungen ist seit Juli 2015 die Besichtigung wieder uneingeschränkt möglich.

Die Barbarathermen – vorne Hypocausten, die antike Fußbodenheizung ▼

Die Römerbrücke

Weiter Richtung Mosel kommt die Römerbrücke ins Blickfeld. Neben einer Barockfigur, die den römischen Kaiser Konstantin darstellt, führt sie über die Mosel.

Die Brücke aus der Mitte des 2. Jh. (144/52) war die dritte römische Brücke. Die Vorgängerbauten aus der Gründungszeit der Stadt und aus dem 1. Jh. wurden bereits in römischer Zeit abgetragen. Ein weiteres Tor gewährte für Reisende aus Richtung Köln Einlass in die römische Stadt. Zweimal wurde eine neue Bogendecke erbaut. Die erste durch Balduin von Luxemburg und die zweite nach Zerstörung durch die Franzosen im frühen 18. Jh.

Unter den Basaltpfeilern der Brücke befindet sich noch heute ein Unterbau aus saftfrisch verbauten Eichenholzstämmen, welche in den Flussgrund getrieben wurden und anlässlich archäologischer Arbeiten an der Brücke in das 2. Jh. nach Christus datiert werden konnten. Die Basaltpfeiler der Brücke tragen also seit über 1.850 Jahren den Verkehr. Die besagten Holzfunde der römischen Brücken sind übrigens im Rheinischen Landesmuseum ausgestellt.

Kaiser-Wilhelm-Brücke mit Blick auf Zurlauben ▼

▲ *Die Römerbrücke*

Ein Moselspaziergang

Der Weg von der Römerbrücke bis zum alten Fischerort Zurlauben empfiehlt sich als schöner Abendspaziergang. Die beiden Moselkräne zur Be- und Entladung von Schiffen zeigen, dass die Technik des 15. und 18. Jh. die gleiche war. Auf der Anhöhe des gegenüberliegenden Ufers steht auf dem Markusberg seit 1860 die am Abend illuminierte Mariensäule als ein Zeichen der katholischen Stadtbevölkerung gegenüber dem protestantischen preußischen Staat.

Moselkräne aus dem 15. und 18. Jh. belegen den technischen Stand der Zeit ▼

Von römischen Agrimensoren

Die römischen Agrimensoren, die Landvermesser, waren wichtige Fachleute, da am Landbesitz der Gesellschaftsstatus, das Steueraufkommen, Dinge wie zum Beispiel der Dienst in der römischen Armee und damit die politischen Möglichkeiten des Einzelnen festgemacht wurden. Die groma, eine Messlatte mit Lattenkreuz und daran befestigten Lotschnüren, der chorobat-Tisch mit wassergefüllter Rille als Wasserwaage und der Diopterstab des Heron von Alexandria, das in jede Richtung bewegliche Visier, waren die Arbeitsinstrumente. Damit wurden Straßen, Wasserleitungen und Häuserblocks eingemessen. Bei der Anlage des Trierer Straßenrasters nach den Ideen des Hippodamus von Milet waren die Häuserblocks, die insulae, der Stadt über 100 m lang, wenig im Vergleich zu Wasserleitungen und Straßen, die zum Teil über hunderte von Kilometern exakt geplant und gebaut wurden. Den Mauern sieht man das Wissen, welches in ihnen steckt, nicht immer auf den ersten Blick an. Der Untergang des Römischen Reiches zerstörte diese Systematik und große Teile antiken Wissens gingen verloren.

Neue Erkenntnisse zur mittelalterlichen Stadtplanung werden jedoch unser Bild von der wild wuchernden, ungeplanten Stadt wohl bald verändern. Auch die Architekten und Ingenieure des Mittelalters und der frühen Neuzeit haben gewaltige Leistungen vollbracht. Allerdings muss man anmerken, dass das Römische Reich über eine größere Zahl an gut ausgebildeten Baufachleuten verfügte und das Wissen um bestimmte Sachverhalte einer breiteren Schicht von Menschen zugänglich war. Alles in allem stellt daher das Mittelalter speziell in der profanen Architektur und in puncto Versorgungstechnik einen Rückschritt dar, den Europa erst in der jüngsten Zeit wieder wettmachen konnte.

Römische Maße jedoch haben sich in mittelalterlichen Strukturen erhalten. Auch in Trier können wir diese Feststellung machen. Wir finden zwei römische Maßeinheiten vor: Der römisch-capitolinische Fuß und der drusianische Fuß. Der römisch-capitolinische Fuß mit umgerechnet 29,617 cm ist fast einer DIN-A4-Seite entsprechend. Der drusianische Fuß ist etwas größer. Da er nicht nur 16 digiti, Fingerbreiten, besaß, sondern 18, war er 33,319 cm lang. Damit ist er etwa der dritte Teil eines Meters, wie er seit der Einführung des metrischen Systems nach der Französischen Revolution 1789 und der Meter-Konvention von 1875 gilt. In römischer Zeit wurde in Gallien und Germanien eher der drusianische Fuß verwendet und der um ein Achtel kleinere pes capitolinus kam vorwiegend in Italien zum Einsatz. Im Mittelalter kommt an den Trierer Kirchen und Gebäuden vermehrt der capitolinische Fuß zur Anwendung.

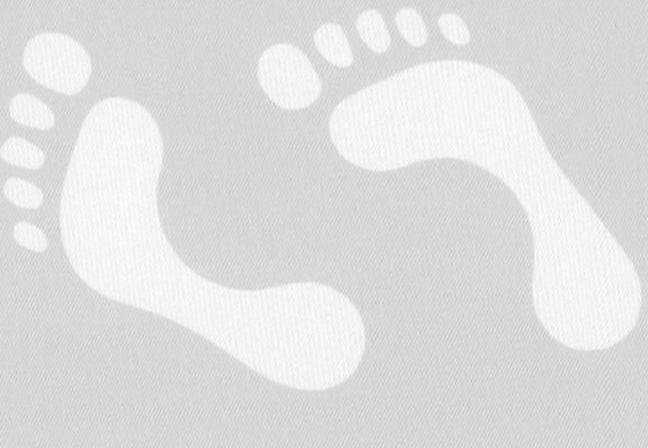

Weiter entlang der Mosel sieht man das Stift St. Irminen. Bereits im 7. Jh. stand hier das Nonnenkloster St. Maria in horreo. Das Gebäude weist von außen Stilelemente aus Barock und Rokoko auf, steht jedoch am gleichen Ort wie die römischen Getreidespeicher, die horrea, und birgt in seinem Inneren einige Mauerzüge aus römischer Zeit. Der barocke Westflügel wurde 1722–44 vom Architekten Kretschmar erbaut, die Rokoko-Stiftskirche ist von Jean Antoine aus dem Jahr 1768. 1805 wurden St. Irminen und eine Reihe anderer ehemaliger kirchlicher Besitzungen zu den Vereinigten Hospizien zusammengefasst. Bevor man den Vorort Zurlauben erreicht, steht zur Rechten die ehemalige Benediktinerabtei St. Martin, heute ein Studierendenwohnheim. Der Westflügel wurde 1626 im Stil der Renaissance erbaut. Zur Linken, auf der westlichen Moselseite, sind die Sandsteinbrüche der römischen Zeit gut zu sehen.

Das ehemalige Martinskloster ▲

Zurlauben mit seinen kleinen Weinlokalen ▲ ▼

Von Weinschiffen und Grabsteinen

Ein entscheidendes Merkmal der Region, der Weinbau, ist ein Relikt der Romanisierung. Seit über 1.800 Jahren wird großflächig Wein angebaut. Entlang der Mosel werden immer wieder Kelteranlagen ergraben, die auf eine ansehnliche Zahl von Weinproduzenten schließen lassen. Der Alltag der Menschen wurde durch den Wein und alles, was damit zu tun hat, entscheidend beeinflusst.

Das Neumagener Weinschiff, eines von mehreren Monumenten seiner Art, lässt den Weintransport per Schiff vor unseren Augen ablaufen. Und dieses Weinschiff, welches auf einem Sockel stand, war ein Grabstein! Man war mit dem Produkt so verwachsen, dass man Szenen des Weinhandels als Grabsteinthema wählte.

Wein war wie im Mittelalter Grundnahrungsmittel. Der Alkohol hatte beim Mischen von Wasser und Wein desinfizierende Wirkung. Der Wein schmeckte jedoch etwas anders als heute, da im Herstellungsprozess anstelle des Schwefels Harz Verwendung fand.

Die Gruppe der Neumagener Denkmäler steht im Rheinischen Landesmuseum. In der Zeit der Hinwendung zum Christentum im 4. Jahrhundert wurden die römischen Grabsteine als Baumaterial für die Festung Neumagen verwendet und dort später archäologisch ergraben. Diese Zerstörung und Wiederverwendung hat sinnigerweise die Grabdenkmäler gerettet und gibt uns wichtige Informationen zum Aussehen römischer Gräberstraßen.

Beim Verlassen einer Stadt sah man noch eine ganze Weile beiderseits der Straße solche Aneinanderreihungen großer Grabmonumente und auch kleiner Grabsteine.

Das Weinschiff von Neumagen ▼

Exkursionen nach Nord und Süd

Drei Sehenswürdigkeiten liegen etwas abseits der Innenstadt, gehören aber dennoch zu den Dingen, die man unbedingt gesehen haben sollte. Die Kirche St. Paulin und die ehemalige Reichsabtei St. Maximin im Norden der Stadt und die Abtei St. Matthias im Süden. St. Paulin und St. Maximin, benannt nach zwei Bischöfen von Trier, zeugen vom großen Gewicht der Stadt in der frühchristlichen Welt. Der heilige Ambrosius von Mailand wurde in Trier geboren, Athanasius von Alexandria nach Trier verbannt und auch Martin von Tours und Hieronymus verweilten in der Stadt.

St. Paulin

Die Barockkirche St. Paulin wurde Mitte des 18. Jh. unter Beteiligung von Balthasar Neumann, welcher ebenfalls den Altar entwarf, errichtet. Zerstörungen durch französische Truppen 1674 machten diesen Neubau notwendig, da bereits in der Spätantike gegen Ende des 4. Jh. hier der erste Kirchenbau stand. Ein Brand 1093 zerstörte die alte Kirche und im 13. Jh. wurde eine dreischiffige kreuzgewölbte Basilika errichtet. Benannt ist die Kirche des ehemaligen Kanonikerstifts nach dem Trierer Bischof Paulinus. Erzbischof Franz Georg von Schönborn, auch Stiftspropst, sorgte für den Neubau, der 1757 geweiht wurde. Der schlanke, hohe Bau ist mit seinem Bauschmuck, seinen Stuckierungen und seiner Malerei ein Kleinod der Kunst des 18. Jh. Die Deckengemälde zeigen Szenen der Kirchengeschichte Triers.

St. Paulin ▶

So zum Beispiel die Legende des Martyriums der Thebäischen Legion und das Leben des heiligen Paulinus. Ferdinand Tietz, verantwortlich auch für das Figurenprogramm des Palastgartens, schuf den Hochaltar nach Neumanns Plänen. Obwohl die Kirche etwas abseits der Route liegt, die man als Gast normalerweise nimmt, ist der Besuch für Freunde des Barock ein echtes Erlebnis. Ganz in der Nähe ist zudem die ehemalige Reichsabtei St. Maximin gelegen, wo bis 1802 der Benediktinerorden eine machtvolle Position gegenüber Stadt und Bischof innehatte. Unter St. Maximin ist eine Grabung begehbar.

Frühchristliche Bestattungen und ein Coemeterialbau, eine Begräbnishalle der Spätantike, sind die Ursprünge der späteren Kirche. Die Benediktinerabtei kam erst im 17. Jh. unter die Herrschaft des Trierer Erzbischofs und war bis zu diesem Zeitpunkt gerade in wirtschaftlicher Hinsicht eine große Konkurrenz für die Stadt. Feinde des Stadtherren und der Stadt, aber auch die Bürger selbst nahmen daher jeden gegebenen Anlass freudig wahr, diese unliebsame Konkurrenz niederzubrennen. Dies geschah 1433 in der Manderscheider Fehde und auch 1522 in der Sickinger Fehde. Wie die Kirche St. Paulin wurde St. Maximin mit schöner Regelmäßigkeit auch im 17. Jh. wieder zerstört und später als barocke Basilika wiederaufgebaut. Heute wird diese für profane Veranstaltungen genutzt, nämlich als Turnhalle für nahe gelegene Schulen. Seit römischer Zeit ein Gräberfeld und bereits sehr früh als christliche Grabstätte genutzt, befindet sich hier eine der Wurzeln des christlichen Trier.

Die Benediktinerabtei St. Matthias

Im Süden Triers befindet sich eine weitere Benediktinerabtei, deren Geschichte bis in die frühchristliche Zeit zurückreicht. Wie St. Maximin liegt auch St. Matthias auf einem römischen Gräberfeld. Eucharius, der erste Bischof von Trier, und Valerius, der zweite Bischof, sind hier in der Krypta bestattet. Die seit dem 5. Jh. bestehende Gemeinschaft hatte um 977 die Benediktsregel übernommen. Ende des 10. Jahrhunderts entstand anstelle des ersten von Bischof Cyrill errichteten Gebäudes ein Neubau, die sogenannte „Egbert-Kirche". 1247 wurde der bis heute noch bestehende frühgotische Bau durch Papst Eugen III. geweiht und erhielt eine Namenserweiterung und heißt seit dieser Zeit offiziell Basilika

Die Basilika ragt noch heute aus der modernen Bebauung heraus ▼

Krypta der Basilika St. Matthias ▲

St. Eucharius/St. Matthias. Damals waren bei den Bauarbeiten zur dritten Kirche die Gebeine des Apostels Matthias wiederentdeckt worden, Pilgerströme zum einzigen Apostelgrab nördlich der Alpen setzten ein und bis heute kommen jährlich Tausende von Pilgern in die Krypta zum Sarkophag des Apostels. Eine Kreuzreliquie und die Kapelle mit dem Mattheiser Gnadenbild ziehen zusätzlich viele Besucher und Gläubige an. Die Kirche wurde innen und außen in der Folgezeit um Elemente späterer Epochen ergänzt, was man an der Farbfassung sehr schön ablesen kann. Umfangreiche Grabungen haben in den vergangenen Jahrzehnten wichtige Erkenntnisse über die Christianisierung Triers gebracht. Heute gehören zwanzig Brüder zu der Abtei, die inzwischen in einem weiteren Kloster auf der Huysburg in Sachsen-Anhalt leben und wirken. Die St.-Matthias-Basilika ist frei zugänglich und das Kloster kann nach Voranmeldung besichtigt werden.

St. Paulin-Kirche, Thebäerstraße 1, 54292 Trier
Tel. (06 51) 27 08 50, www.paulin-martin.de

Benediktinerabtei St. Matthias
Matthiasstraße 85, 54290 Trier
Tel. (06 51) 1 70 90, www.st-matthias-trier.de

Der Aussichtspunkt auf dem Petrisberg

Über dem Amphitheater, auf dem Petrisberg, befindet sich seit der Landesgartenschau 2004 ein ausgebauter Aussichtspunkt, der auch von Reisebussen gerne angefahren wird.
Von oben kann man die römischen Gebäude sehr gut in Beziehung zueinander setzen. Was durch den veränderten Straßenverlauf des Mittelalters gerade um den Dom und die Basilika herum schwerfällt, gelingt von oben umso leichter.
Die alte Ost-West-Achse ist als Allee so gut zu erkennen wie das gegenüberliegende Ufer mit den römischen Steinbrüchen. Die Wälder der Eifelseite sind ein schönes Naherholungsgebiet. Im so genannten Weisshauswald bringen Wildgehege und schöne Wanderwege Erholung. Etwas weiter entfernt tun dies die Maare der Vulkaneifel als eine außergewöhnliche geologische Erscheinung. Die hiesige Seite birgt mit dem Hochwald ein nicht minder attraktives Wander- und Erholungsgebiet.

Die Trierer Hochschulen

Trier besitzt eine für die Größe der Stadt erstaunliche Zahl von Hochschulen. Die Universität, die Theologische Fakultät und die Hochschule

Die Gebäude der Universität ▶

Der ehemalige Kaiserpalast ist als quadratischer Kernbau des Doms noch immer zu erkennen ▲

Trier verfügen alles in allem über mehr als 18.000 Studierende. Hinzu kommen Priesterseminar, Europäische Kunstakademie, Europäische Sportakademie und die Europäische Rechts- und die Richterakademie. Die Universität, eine Campus-Uni, hat in den letzten Jahren ein ganzes Stadtviertel wachsen lassen. Viele Schulen und Berufsbildende Schulen haben Anteil am ausgesprochen jungen Gesicht Triers. Zudem sind die Bildungseinrichtungen mit vielen direkten und indirekten Arbeitsplätzen ein entscheidender Faktor im Wirtschaftsleben Triers.

Exkursion ins Umland – Die Igeler Säule

Einige Kilometer von Trier entfernt, in Richtung Luxemburg an der B49, liegt der Ort Igel. Dort steht eine 23 m hohe römische Grabsäule aus dem frühen 3. Jh., die bereits J. W. von Goethe erwähnte. Das aus Sandsteinen erbaute Familiengrabmal der Secundinier, einer reichen Tuchhändlerfamilie, zeigt beispielhaft römische Bestattungsbräuche und wurde aus diesem Grund von der UNESCO auf die Liste des Weltkulturerbes gesetzt. Bis zur Christianisierung überwiegt die Brandbestattung. Die Igeler

Igeler Säule: Pfeilergrabmal der Secundinier ▲

Säule markiert also kein Körpergrab. Zu Grabe gelegt wurde immer außerhalb der Stadt, weil innerstädtische Begräbnisse verboten waren. Für die Stadterforschung ist dies ein interessanter Faktor. Denn findet sich unter einem Bauwerk, wie zum Beispiel der Porta Nigra ein Gräberfeld, so haben wir es mit einer Stadterweiterung zu tun. Die Stadt wuchs und verschluckte den ehemaligen Friedhof. Kann man nun Grabbeigaben datieren, so ist das darüber errichtete Gebäude leichter zeitlich einzuordnen. Zudem sind Grabdenkmäler wie die Igeler Säule wie ein Buch lesbar und geben Informationen über Ideen der Menschen, Kleidung, Haartracht und viele weitere Details. Die Darstellungsfelder der Igeler Säule zeigen neben mythologischen Szenen auch solche des Tuchhandels. Wer reich war, zeigte noch im Tode den Nachbarn, womit er seine Brötchen verdiente. In diesem Fall mit dem Handel der begehrten Trierer Textilien. Die christliche Welt ließ das Pfeilergrabmal unangetastet, weil man glaubte, es zeige die Eltern Kaiser Konstantins. Leider ist der Zustand des Monuments so, dass durch die Verwitterung kaum noch etwas klar zu sehen ist.

Was am Original nicht mehr zu erkennen ist, zeigt jedoch die farbige Kopie in Originalgröße, welche im Rheinischen Landesmuseum steht. Farbige Fassungen von Häusern, Denkmälern und Grabsteinen kommen uns heute nicht echt vor. Doch unsere Vorstellungen vom Aussehen antiker Architektur müssen wir um das Wissen erweitern, dass Farbe sehr oft und teilweise sehr ausgiebig Verwendung fand.

Pfalzel

Auf dem westlichen Moselufer, einige Kilometer nördlich der Stadt, liegt der Ort Pfalzel. Im 4. Jahrhundert stand an dieser Stelle die römische Palastanlage palatiolum. Später, im 7. Jahrhundert, nutzte man die Reste der römischen Gebäude und erbaute darin ein Damenstift. Die ehemalige Stiftskirche, die heutige Pfarrkirche, enthält Reste der Palastphase. Im 12. Jahrhundert erbauten die Erzbischöfe von Trier eine Burg, die im 14. und 16. Jahrhundert erst mit einer Mauer versehen und später weiter verstärkt wurde.

Römische Villa Otrang

Im Kreis Bitburg-Prüm, 5 km nördlich von Bitburg beim Ort Fließem gelegen, wurde die römische Portikus-Villa mit Eckrisaliten im 19. Jahrhundert ergraben und mit Schutzhäusern versehen. 14 Räume enthalten Mosaike, drei Räume sind mit Badeanlagen ausgestattet. Die Anlage ist ein sehr schönes Beispiel für die wohnlichen Gegebenheiten der reichen Grundbesitzer des Römischen Reiches. Ein Restaurant mit Terrasse macht den Besuch zu einem Tagesausflug, zumal die Umgebung zum Wandern einlädt.

Freilichtmuseum Roscheider Hof

Der Roscheider Hof ist ein Volkskunde- und Freilichtmuseum mit über 21 ha Fläche und Ausstellungen auf mehr als 3.000 m^2.

Roscheider Hof ▲

Weihnachtsmarkt

Der Weihnachtsmarkt in Trier, verteilt auf Marktplatz und Domfreiheit, ist sicherlich einer der schönsten Deutschlands und lockt viele unserer europäischen Nachbarn nach Trier.

Weihnachtsmarkt ▲

Original- und Abgusssammlung der Universität
FB III - Klassische Archäologie
Universitätsring 15, 54296 Trier
Tel. (06 51) 2 01-24 29, www.uni-trier.de

Freilichtmuseum Roscheider Hof
Roscheiderhof 1, 54329 Konz
Tel. (0 65 01) 60 08 76, www.roscheiderhof.de

Weihnachtsmarkt Trier
www.trierer-weihnachtsmarkt.de